作者简介

党士学，秦始皇帝陵铜车马博物馆基本陈列策划与陈列方案撰稿人，研究员。1982年毕业于西北大学历史系，任职于秦始皇帝陵博物院（秦始皇兵马俑博物馆）。专业方向为秦陵秦俑与秦文化研究，尤以秦陵铜车马与中国古代车马文化为研究重点，参与多项国家社科基金项目。发表专业论文40余篇，合作撰写或编撰著作8部，其中《秦始皇帝陵出土一号青铜马车》和《秦始皇帝陵出土二号青铜马车》分别荣获2012年度和2015年度全国文化遗产优秀图书奖。

朱学文，1995年毕业于西北大学文博学院考古专业，研究馆员，曾任秦始皇帝陵博物院科研规划部主任、陈列展览部主任等职，现任陕西省秦俑学研究会副会长。从事秦陵秦俑、秦文化及秦漆器等方面的研究。在《文物》《考古与文物》《华夏考古》等期刊发表学术文章50余篇，出版专著《秦漆器研究》，参与撰写学术著作2部，参与主编学术著作10余部。

缪斯

MUSE

文库

本书由中国博物馆协会与腾讯基金会"腾博基金"资助

青铜之冠

The Crown of Bronze Works

秦始皇帝陵博物院
"秦陵彩绘铜车马展"
策展笔记

党士学　朱学文　等著

ZHEJIANG UNIVERSITY PRESS
浙江大学出版社
·杭州·

图书在版编目（CIP）数据

青铜之冠：秦始皇帝陵博物院"秦陵彩绘铜车马展"
策展笔记/党士学等著. -- 杭州：浙江大学出版社，2023.11
（中国博物馆陈列展览精品·策展笔记）
ISBN 978-7-308-24301-8

Ⅰ.①青… Ⅱ.①党… Ⅲ.①秦始皇陵—遗址博物馆
—历史文物—陈列—策划 Ⅳ.①G269.274.11

中国国家版本馆CIP数据核字（2023）第196476号

青铜之冠

秦始皇帝陵博物院"秦陵彩绘铜车马展"策展笔记

QINGTONG ZHI GUAN: QIN SHIHUANG DILING BOWUYUAN "QINLING CAIHUI TONG
CHEMA ZHAN" CEZHAN BIJI

党士学　朱学文　等著

出 品 人	褚超孚
项目负责	陈　洁
策划编辑	张　琛　陈佩钰　吴伟伟
责任编辑	陈佩钰　陈　翾
文字编辑	蔡一茗
责任校对	黄梦瑶
美术编辑	程　晨
责任印制	范洪法
出版发行	浙江大学出版社
	（杭州天目山路148号　邮政编码：310007）
	（网址：http://www.zjupress.com）
排　　版	浙江大千时代文化传媒有限公司
印　　刷	杭州捷派印务有限公司
开　　本	710mm×1000mm　1/16
印　　张	17
字　　数	240千
版 印 次	2023年11月第1版　2023年11月第1次印刷
书　　号	ISBN 978-7-308-24301-8
定　　价	88.00元

总　序

　　在社会主义文化强国建设的进程中，博物馆扮演着中华文明优秀成果守护者、传承者与传播者的重要角色。作为博物馆教育与传播的核心媒介，陈列展览成为博物馆守护文化遗产、传承中华文明、讲好中国故事的关键工作。好的陈列展览离不开好的策展工作。策展是构建陈列展览的过程，是通过逻辑和观念的表达，阐释文物藏品的多元价值，构建公众与遗产之间的对话空间，激发广泛社会价值与文化价值的思维和组织活动。博物馆策展的理论与实践水平，很大程度决定了陈列展览的思想境界、文化内涵、艺术品位与传播影响。因此，博物馆策展的学术研究和业务能力建设是提高博物馆陈列展览工作业务水平和影响效果的重要途径；某种意义上，也是促进我国博物馆事业高质量发展的关键所在。

　　"中国博物馆陈列展览精品·策展笔记"丛书的出版，正是源于对上述问题的思考。作为我国博物馆行业发展的协调者与促进者，中国博物馆协会长期致力于博物馆展陈质量建设和策展能力提升。在持续不断的摸索和实践中，许多博物馆同仁建议我们依托"全国博物馆十大陈列展览精品推介活动"，围绕一批业内公认的具有较大影响力与鲜明特色的获奖展览项目，邀请策展团队，形成有关策展过程和方法的出版物。在不断的讨论中，我们逐渐明确：这种基于展览策划的出版物，显然不同于博物馆中常见的对于展览内容及重点文物介绍的"展览图录"，而更适合被称为"策展笔记"。

　　所谓"策展笔记"，一方面，要聚焦"策展"的行动内容，也就是要透过展览看幕后，核心内容是展览从无到有的建设过程，尤其要重点讲述展览选题、前期研究、团队组建、框架构思、展品组织、形式设定、艺术表达、布展制作等当代博物馆展览策划的核心流程及相关体会。另一方面，要突出"笔记"的内涵风格。如果与记录考古工作的过程、方法与认识的"考古报告"相类比的话，"策展笔记"则是对陈列展览的策展过程、方法与认识的重点记录。与此同时，作为与"随笔""札记"等相似的"笔记"文体，也应带有比较强烈的主观性、灵活性和较高的自由度，宜以第一人称的口吻展开，重在呈现策展的心路历程与思考感悟，而不苛求内容体系的完整性与系统性；重在提炼策展的经验、理念、亮点，讲好值得分享的策展专业理论、专业精神、专业态度和专业手法等。我们相信，这样的"策展笔记"，不但可以作为文博行业了解我国文博系统优秀展览的"资料工具书"，也可以作为展陈从业者策展创新借鉴的"实践参考书"，还可以作为普通大众的"观展指南书"，帮助他们了解博物馆幕后工作，更好领略博物馆展陈之美。

丛书第一辑收集了 2019—2021 年度全国博物馆十大陈列展览精品推介的代表性获奖项目，覆盖全国不同地域，涵盖考古、历史、革命纪念等不同类型。由于缺乏经验借鉴，加之展览类型的多元性、编写人员构成的差异性等，在撰稿与统稿过程中，我们遇到了远超预期的挑战。这些挑战包括但不限于：如何平衡丛书的整体风格与单册图书的个体特色；如何兼顾写作内容的专业性特质与写作表达的大众性要求；如何将策展实践中的"现象描述"转化为策展理念的"机制提炼"，充分体现策展的创新点和价值点；如何实现从"报告思维"向"叙事思维"的转型，生动讲述策展的动人细节；如何在分析个案内容的同时对行业的普遍性、典型问题进行有效回应，发挥好优秀展览的示范作用；如何解决多人撰写所产生的文风不统一问题，提高统稿工作的质量和效率；等等。幸运的是，在各馆撰稿团队的积极配合下，在专家的有力指导下，我们通过设定指导性原则、确定写作指南、优化统稿与编审机制等途径，一定程度克服了上述挑战难题，基本完成了预期目标。

　　这套丛书的问世，离不开撰稿人、专家和编辑的辛勤劳动。我们衷心感谢北京鲁迅博物馆（北京新文化运动纪念馆）、中国人民革命军事博物馆、山西博物院、吴中博物馆、扬州中国大运河博物馆、杭州市萧山跨湖桥遗址博物馆、山东博物馆、湖北省博物馆、盘龙城遗址博物院、成都武侯祠博物馆、陕西历史博物馆、秦始皇帝陵博物院、和田地区博物馆等博物馆策展团队撰稿人的精彩文本。同时，我们衷心感谢南京博物院理事长、名誉院长龚良，复旦大学文物与博物馆学系主任陆建松，浙江大学艺术与考古学院教授严建强，北京大学考古文博学院教授宋向光，上海大学现代城市展陈设计研究院执行院长李黎，西安国家版本馆（中国国家版本馆西安分馆）副馆长董理，清华大学美术学院副教授李德庚等多位学者、专家的认真审读与宝贵的修改建议。感谢浙江大学出版社董事长、党委书记、总编辑褚超孚，以及社科出版中心编辑团队的细致审校和精心编辑，他们的工作为丛书的顺利出版提供了坚实的保障。浙江大学艺术与考古学院"百人计划"研究员毛若寒博士在这套丛书的方案策划、组织联络、出版推进等方面，用力尤勤，付出良多。此外，还有许多在本丛书筹划、编辑、出版过程中给予帮助的专家、老师，无法一一列举，在此谨对以上所有人员致以最真挚的感谢和敬意。

　　严建强教授在一次咨询会上曾对这套丛书给过一个很高的评价，认为它是当代博物馆专业化建设的一个重要的里程碑。对于这个赞誉，我们其实是有点愧不敢当的。我们很清楚，丛书第一辑的整体质量还有待提升，离"里程碑"的高度存在一定差距。但通过第一辑的编辑出版，我们为接下来的第二辑、第三辑的编写积累了经验、增强了信心。今后，我们会继续紧扣"策展笔记"作为"资料工具书""实践参考书"与"观展指南书"的核心功能定位，继续深化对于博物馆展览策展笔记的属性、目标、功能、内涵、形式等方面的认知，努力通过策展笔记的编写，带动全行业策展工作专业水平的整体提升。这虽然是一件具体的事情，但对构建博物馆传承与展示中华文化的策展理论体系和实践创新体系，推动博物馆守护好、展示好、传承好中华文明优秀成果，为博物馆事业的高质量发展、为建设社会主义文化强国不断做出新贡献，是很有积极意义的。我们相信，有全国博物馆工作者的积极参与，我们一定能把这套丛书做得更好，做成中国博物馆领域的著名品牌。

　　是为序。

刘曙光

中国博物馆协会理事长

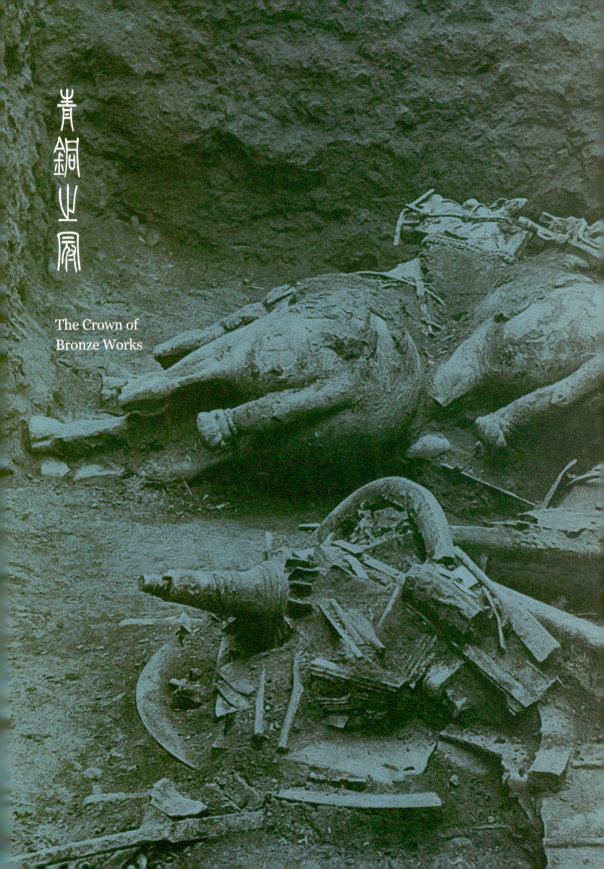

青銅之冠

The Crown of
Bronze Works

　　"秦王扫六合，虎视何雄哉！"秦帝国国祚虽然只有短暂的 15 年，但它却在中国历史的画卷上留下了浓墨重彩的一笔。时隔 2200 余年，对于秦代的历史文化除有限的文献记载外，只能通过仅有的考古遗存去领略。尽管如此，一座始皇帝陵园就足以把人们带到那个充满创造和辉煌的时代。

　　"古墓成苍岭，幽宫象紫台。"秦始皇陵是中国古代规模最大、结构最复杂、埋藏最丰富的帝王陵墓，是"世界最大的考古学储备之一"。虽历经 2200 多年岁月，依旧雄伟外彰，珍奇内蕴。丰富的遗迹遗物真实地再现了秦帝国的都邑格局、宫廷生活、军事制度等内容，是研究秦代政治、经济、军事、科技、社会、文化的重要实物资料。1961 年，国务院公布秦始皇帝陵为第一批全国重点文物保护单位。1987 年，"秦始皇帝陵及兵马俑坑"被联合国教科文组织列入《世界遗产名录》。

　　秦始皇帝陵博物院是以秦始皇兵马俑博物馆为基础、以秦始皇陵国家考古遗址公园为依托的一座大型遗址博物馆，也是以秦始皇帝陵及其众多陪葬坑为主体，基于考古遗址本体及其环境的保护与展示，融合了教育、科研、游览、休闲等多项功能的公共文化空间。1979 年，秦始皇兵马俑博物馆对外开放，2009 年秦始皇帝陵博物院正式成立，2010 年秦始皇帝陵遗址公园对外开放，2011 年秦始皇帝陵 9901、0006 陪葬坑陈列厅开放运行，2021 年秦始皇帝陵铜车马博物馆对外开放。博物院总占地 4200 余亩（1 亩约等于 666.67 平方米），自开馆以来，接待国内外观众 1 亿多人次。40 多年来，经过几代人的共同努力，博物院各项事业取得了长足的进展，多次被评为全国文化、文博系统先进集体以及全国文明单位，被评定为第一批国家一级博物馆、国家5A级旅游景区和国家考古遗址公园。博物院着力突破遗址博物馆的陈列主题易于僵化的模式困境，潜心筹备以秦陵、秦俑、秦文化为主题的原创性展览，同时还积极引进高品质临时展览，不断丰富展示内容，曾多次荣获全国博物馆十大陈列展览精品奖。

一、石破天惊——20世纪的重大考古发现

千古一帝秦始皇帝从来没有被历史尘封过，也从来没有被历史遗忘过，在2200多年的悠悠岁月中，曾有许多文人墨客、史学大家为他挥毫泼墨、著书立传。作为中国第一座封建帝王陵的秦始皇帝陵，其建造时间之久，用工之众，规模之大，从葬之丰富，均为世界历史罕见，开创了中国帝王陵墓的先河，对后世的中国古代帝王陵园制度有着深远的影响，有重要的历史研究价值，受到历朝历代的保护。特别是新中国成立以后，对陵区的调查、勘探及保护等工作从未间断。

1978年6月，考古工作者在秦始皇帝陵封土西侧20米处勘探发现一座大型车马陪葬坑。1980年11月至12月，考古队对其中的1号耳室进行了试掘，从中出土了两乘大型彩绘铜车马。两乘车面朝西前后排列，前车为立车，后车为安车，按照前后顺序编为一号车和二号车。埋藏两乘铜车马的陪葬坑为长方形，坑内用木板构建起一具大型长方形木椁，两乘铜车马以装备完整的状态放置在木椁中。由于木椁腐朽，坑顶塌陷，出土时车被压碎，马腿被压断，彩绘颜色剥落严重。两乘大型

彩绘铜车马是始皇帝陵园诸多陪葬品中的精品，气魄恢宏，装饰华丽，铸造精美，工艺精湛，逼真地再现了秦始皇帝御用马车的原貌。其恰当的比例、准确的造型、精湛的制作工艺以及华丽的纹饰，是秦代科技与艺术、雕塑与彩绘、造型工艺与装饰纹样完美结合的典范，被誉为"青铜之冠"。秦陵铜车马的发现可谓石破天惊，又一次扣动了世人的心弦。

车马殉葬是中国古代墓葬制度的重要组成部分，商周时期以实用马车陪葬，春秋战国之际，墓葬中出现陶制马车模型，车马殉葬文化得到创新和改革。秦始皇帝陵铜车马大小相当于当时真车马的二分之一。纵观中国古代历史发展的脉络，车马文化贯穿了秦人历史兴衰的全过程。对于秦人先祖养马驾车的娴熟技能，史书中多有记载。这些因素为秦人横扫六合、一统天下奠定了坚实的基础。秦统一后，既继承了历史赋予车马的军事价值，又创造性地建立了帝王乘舆礼仪制度，秦始皇帝陵封土西侧出土的两乘铜车马便是这种礼仪制度文化的载体。它们精致的造型，华贵的装饰，完备的驾具，精湛的制作工艺，令世人震惊，是光辉灿烂的中华文明的历史见证。秦陵铜车马不仅是古代艺术与技术的结晶，也是青铜铸造史上的经典之作，是世界马车史上的里程碑，在中国古代马车发展史上具有承前启后的作用。其发现填补了中国古代车马研究的历史空白，是中国古代道路交通史、物质文化史、技术史研究中不可或缺的重要一环，对研究古代车马的结构与系驾方法、天子乘舆制度和金属制造工艺等方面具有十分重要的意义。

二、暂居他方——与世界第八大奇迹联袂展示

　　秦陵铜车马体量庞大，结构复杂，彩绘纹饰精美，出土时破损较为严重，大部分车马碎片受压变形，锈迹斑斑。铜车马的修复工作面临巨大的挑战和诸多难题。如何保证修复后的铜车马的承重结构体的抗压抗折能力；如何确定铜车马构件的粘接加固方式、粘接技术和焊接工艺；如何在焊接过程中避免高温对青铜表面彩绘造成伤害；如何对青铜碎片进行合理矫形等。这些问题是必须攻克的技术难点。经过文物工作者的集思广益和历时近八年的不懈努力，各种技术难题被逐一攻克，两乘铜车马的瑰丽风姿得以整装再现。1983 年 6 月，秦陵二号铜车马修复完毕，同年 10 月 1 日对外展出。1985 年铜车马陈列进行首次改陈，通过新增灯箱的方式增加展示内容。1987 年 3 月，铜车马陈列搬至南陈列室。1988 年 4 月，秦陵一号铜车马完成修复，同年 5 月 1 日与二号车同台展出，这是秦陵铜车马陈列的第二次改陈，调整幅度较大，展厅格局变为包含序厅、主展厅和辅助展厅三部分。1999 年，秦陵铜车马陈列迎来了第三次改陈，展出地点由南陈列室迁至新落成的秦始皇帝陵文物陈列厅，位于秦始皇兵马俑博物馆内的东北角。展陈面积由以前的 330 平方米增加到 670 平方米。同年 10 月 6 日正式对外展出。在此次展陈设计与制作过程中，首次将先进的光导纤维照明技术运用到大型文物的陈列照明中，解决了普通照明无法解决的难题。使用了超大、超厚的防弹玻璃展柜，创全国之最。展览内容丰富，形式新颖。对铜车马的出土修复过程、系驾关系、青铜工艺等进行了说明介绍并辅以图片、图表和模型，让观众除了观赏精美的铜车马之外，还可以更深刻地理解铜车马所反映的制度、工艺等丰富文化内涵。但是，20 余年之后，该展览越来越赶不上时代的发展，越来越满足不了庞大的参观群体的需求，究其原因主要表现在以下四个方面。

第一，随着我国社会经济的高速发展，在物质生活日益丰富的同时，人们对精神生活的需求也越来越高，于是博物馆的社会教育功能也就愈发凸显。位于秦始皇帝陵文物陈列厅的铜车马陈列面积虽然较以前有所扩展，但远远不能适应逐年递增的观众流量。每年节假日特别是"黄金周"期间，展厅内可谓人山人海，参观人数的增长呈井喷态势，展厅的严重饱和状态不仅直接影响参观者的观感体验，同时也存在重大的安全隐患，铜车马陈列成为秦始皇兵马俑博物馆馆区观众拥堵的瓶颈。除此之外，众多的参观人员聚集在较小的场馆内极易形成空气污染、温度和湿度失控、酸碱度失调等问题，从而对展柜内的彩绘铜车马造成一定的不良影响。

第二，随着秦始皇帝陵遗址公园的筹建，秦始皇兵马俑博物馆与秦始皇陵文物管理所、秦始皇陵旅游开发有限公司逐渐合并为一个机构，即秦始皇帝陵博物院，并确立了以秦始皇兵马俑博物馆为基础，以秦始皇帝陵遗址公园为依托，构建"一院多馆"的发展思路。在这种情况下，位于秦始皇兵马俑博物馆内的铜车马陈列就显得不合时宜，因为秦始皇兵马俑博物馆是反映秦代军事的专题性遗址博物馆，而两乘铜车马出土于秦始皇帝陵封土西侧车马陪葬坑，所表现的内容与秦兵马俑不是同一个主题，这样也就有些"客居他乡，寄人篱下"的感觉，与博物院"一院多馆"的发展思路也格格不入。

第三，秦始皇帝陵博物院的成立，打破了原有的体制机制，首次将秦兵马俑和秦始皇帝陵纳入统一规划管理的运营模式，其对外开放展示的区域也由原来的秦兵马俑陪葬坑扩展至秦始皇帝陵，即丽山园陵区。这两个区域间隔一定的距离，观众可以乘坐免费的摆渡车前往参观。但从多年的实际效果来看，两个区域观众流量的差别很大，特别是节假日期间，兵马俑馆区往往是比肩接踵、满负荷运转，而丽山园陵区则是门可罗雀、人烟稀少，这种现象充分反映了博物院整体展示格局的不平衡、不合理。造成这种现象的主要原因是，丽山园陵区除封土、百戏俑坑陈列厅和文吏俑坑陈列厅外，偌大的区域内可参观的地方较少，也就是说，没有足够的吸引力让观众前往参观。久而久之，在庞大的观众群体中形成丽山园陵区不值得一看的印象，这种现象不但严重制约了内涵丰富的始皇帝陵园的充分展示，而且也影响着博物院事业的可持续发展。

第四，在新的历史时期，随着国民经济的发展，国家对文化事业越来越重视，特别是党的十八大以来，习近平总书记就保护历史文化遗产、发挥文物资源作用和弘扬中华优秀传统文化作出了系列重要论述，为我国当前和今后的文物工作指明了前进方向，提供了根本遵循，注入了强大动力。全国文博事业呈现出欣欣向荣、蓬勃发展的良好态势。大部分博物馆在政策的支持下，改建馆舍、优化布局、迭代更新，"博物馆热"方兴未艾。但是，秦陵铜车马陈列受原展厅面积所限，展示手段相对单一，有关车马文化的许多内容无法展示。展览中缺乏多媒体的演示，缺乏观众与展品之间的互动，缺乏对车马构件的深度解析，等等。文物本体展示的局限性和较为简单的展示方式不能有效彰显秦陵铜车马的价值和影响力，不能对秦代车马文化、科技水平及科研成果进行深刻解读和阐释，展示内容的深度和广度明显不足。这样，就不能够真正地让文物"活"起来，与时代的要求有明显差距。

鉴于以上诸多因素，重新选址建设面积更大、功能更全面、布局更合理的专题博物馆势在必行。

三、回归故里——全新视角展现始皇銮驾的风采

　　秦始皇帝陵的保护和展示工作是国家和陕西省重点关注和支持的重大项目。近年来，在国家文物局以及陕西省委、省政府、省文物局的大力支持下，博物院按照创新、协调、绿色、开放、共享的新发展理念和"保护为主、抢救第一、合理利用、加强管理"的文物工作方针，在遵循《中华人民共和国文物保护法》和《陕西省秦始皇陵保护条例》等法律法规的前提下，结合《秦始皇陵保护规划》和《秦始皇陵文化景区建设总体规划》等相关规划要求，经过反复论证研讨与逐级申请报批，重新选址建设秦始皇帝陵铜车马博物馆。2017年，该项目的建筑选址得到国家文物局的批复，并开展全球范围内的概念方案竞赛。博物馆总建筑面积约8000平方米，展陈面积约3800平方米，展陈空间分为一层和地下一层。新馆的设计注重科学性、合理性和前瞻性。整个博物馆为屋面覆土建筑，整体建筑屋面覆盖绿化，屋面景观利用大草坡折面处理，将建筑物与自然地形相结合，使建筑融于陵园自然环境中，既不破坏周边文物遗址，又可与陵园总体环境相协调。整体建筑与陵区空间特征、帝陵的恢宏气势相吻合，与周边环境浑然一体。

　　本次展览以"科学解读，通俗叙述，形象呈现"为定位，由"惊世发现：秦陵铜车马的出土""雍容华贵：秦陵铜车马的风采""据形求实：秦陵铜车与秦代马车""攻坚克难：秦陵铜车马的修复""回归秦朝：动手的快乐"等五个部分组成，以两乘铜车马为主体，结合相关的车马器具，重点对铜车马的性质与用途、形制与结构、鞁具与驾挽、铸造与制作技术、雕塑艺术与彩绘纹饰、考古发掘与保护修复等专题进行展示和解析，通过图文版面、艺术场景、数字多媒体技术、互动活动等方式全面展示铜车马的历史、科学、艺术和社会价值。

展览内容从铜车马拓展到秦代车马文化，是目前国内唯一力图忠实还原秦代车马结构及系驾关系的展览，为古代车马文化研究提供科学、直观的物证；展览将铜车马的考古发掘和保护修复作为重要内容，深入发掘文物背后的故事，打通了从考古到保护、研究、阐释、展示的传播全链条；展览运用多样的展示手段和数字技术，形象解读古代车马的结构、系驾关系等知识，复原重构文物的使用场景，形成虚实、动静、古今的对比与共存，体现古代科技与现代文明的碰撞，实现跨越 2200 余年的对话；展览的主展柜设计，除了采用特大型展柜玻璃无拼缝技术、超大低反射安全玻璃抗弯技术之外，还特别采用了超大型展柜整体避震技术，达到了功能性与艺术性的高度统一。与之前的展览相比较，展览面积扩大到近 6 倍，参展文物由原来的 31 件（组）扩充到现在的 167 件（组），复、仿制品由原来的 6 件（组）扩充到现在的 42 件（组），其中相当一部分文物属首次展出。展示方式与展示手段也较以前丰富得多，展线更加清晰，布局更加合理，参观环境也得到了质的改善。新馆的落成、新展览的对外开放解决了困扰博物院多年的诸多问题，其主要具有以下几方面的特点。

其一，秦陵铜车马陪葬坑位于秦始皇帝陵园的核心区，20 世纪 80 年代，两乘铜车马发掘出土后，该陪葬坑进行了回填，坑内大部分遗迹遗物至今尚未发掘，具体情况不是十分清楚，最关键的是该陪葬坑就在秦始皇陵封土之下，紧接秦始皇帝陵地宫西垣，因此，为避免对陪葬坑周围其他遗址及遗迹遗物的破坏，不可能在陪葬坑原址上建立新的博物馆。于是，经过专家论证，采取就近展示的原则，在距离陪葬坑约 240 米且地下没有考古遗存的自然冲沟建立新馆，对于两乘铜车马来说，也算是一种回归。这种举措也是为了尽可能地还原秦始皇陵原本的布局结构。况且新馆的周边还有 0006 陪葬坑、西门阙遗址、外城垣、内城垣、内城西南角建筑等重要遗址遗迹。这样就可以通过设计展示流线整合封土西侧的遗址遗迹，丰富陵园的文化展示内涵，从而有效解决博物院展示主题不统一、展览体系不完善和展示格局不平衡的相关问题。

其二，新落成的铜车马博物馆是秦陵博物院"一院多馆"发展规划中的一个重要展馆，宽敞的陈列展厅不仅为观众提供了舒适的参观环境，而且还能分散兵马俑馆区的参观人流量，缓解接待压力，有效解决馆区在节假日特别是"黄金周"期间存在的拥堵及由此产生的潜在文物安全危害等问题。

其三，本次展览的展品绝大多数为青铜材质的文物，在展览设计过程中，充分考虑到相关文物的保护。譬如，在主展柜展台下加设防震台，向展柜内充氮气，防止有害气体进入。在展柜内安装温湿度检测仪器等设备。自开馆以来，实时进行展厅及展柜温湿度、二氧化碳浓度在线监测，定期进行现场环境检查。文物保护意识与防范措施大幅提升。

其四，铜车马博物馆所展示的核心文物就是一组修复好的铜车马，围绕单体文物专门新建博物馆和全新打造专题展览，这在国内外都比较少见。超前的设计理念及多样的展示方式，较原来的展览有突破性的创新，不仅解决了原展厅面积和功能的局限性所带来的不利因素，还能在全面展示文物本体的基础上对铜车马的铸造工艺、修复技术，以及秦代车马文化、科技水平、历史价值和研究成果进行深刻解读，拓宽展示内容的深度和广度，体现展示方式的全面性和多元化。采用辅助陈列的手段真正让文物"活"起来。

其五，本次展览内容涉及多年来国内外有关秦陵铜车马研究的新成果、新观点，与铜车马同坑出土的木车马构件等许多展品尚属首次展出，相关车马部件的深度解析与复原重构也是首次公开亮相。这些新资料、新成果以及新观点以陈列展览的方式对外呈现，为古代车马文化研究提供了丰富的新资料和新见解，为促进传统文化的深度研究与弘扬传承提供了有力的学术支撑。

秦始皇帝陵铜车马博物馆的落成，标志着秦始皇帝陵博物院"一院多馆"格局的初步形成，"青铜之冠——秦陵彩绘铜车马"展览的对外展出标志着博物院展示体系的逐步完善。这些举措对博物院事业发展均具有里程碑式的意义，对于其他遗址博物馆的可持续发展也具有一定的借鉴作用。

四、锐意进取——赓续创新遗址博物馆的展示方式

秦始皇帝陵铜车马博物馆的建设是陕西文博事业改革和体制机制创新的产物。2009 年之前，整个陵区的考古发掘工作由陕西省考古研究所负责，兵马俑馆区和秦始皇帝陵园也由不同的单位管理，体制不顺，发展理念不统一，导致许多工作难以开展。随着国家对文化、文物事业的高度重视及陕西文博事业的创新发展，秦始皇帝陵博物院应运而生，随即博物院也取得考古发掘团体领队资格，这样，秦始皇帝陵区的总体规划、考古发掘、遗址保护、陈列展示及综合管理等工作归口一个单位统一管理，整个陵区的工作逐渐步入统筹兼顾、全面系统的可持续发展状态。在这种背景下，在陵园内筹建铜车马博物馆才逐渐提上了议事日程，特别是在新的历史时期，国家对文物考古事业的支持力度前所未有，社会公众对博物馆的期待值也愈来愈高，全国各地的博物馆都在紧锣密鼓地进行自我革新、提档升级，与时俱进，创新发展。这些因素加快了铜车马博物馆的筹建工作。由此可见，博物馆的发展思路与顶层设计必须顺应时代发展的需求。在这个基本遵循的指导下，我们博物馆人应该守正创新，释放潜能，不断拓宽工作思路，深入挖掘文物内涵，努力创新展示模式，在确保文物安全的前提下，拓展文物的合理适度利用，积极探索让文物"活"起来的新途径，不断加强文物的活化利用，发挥文物精神内涵的影响作用。

秦始皇帝陵铜车马博物馆也是博物院"一院多馆"发展框架下的产物。遗址展示是遗址博物馆多年来面临的热点和难点问题，缘于遗址保护的诸多问题，遗址本体及所蕴含的文化内涵很难得到全面、充分的展示。截至目前，秦始皇帝陵博物院下辖的博物馆只有秦始皇兵马俑博物馆与秦始皇帝陵铜车马博物馆，2011 年对外开放的 9901、0006 陪葬坑文物陈列厅不具备真正意义上的博物馆功能。因此，相关的辅助展示内容和展示方式就难以展开，更多的有关陪葬坑的历史文化知识也就

难以传承与弘扬。铜车马博物馆的建设是一种新的尝试与创新，既有效地保护了遗址本体，又采取就近的原则对遗址内的出土文物进行全面阐释与解读。如果按照这种模式发展，随着考古发掘工作的进一步推进，秦始皇帝陵区的各类博物馆将会逐渐增多，届时，更加清晰的陵园布局、更加深切的历史体验和更加丰富的历史知识会被呈现给公众。这种展示模式，也为遗存分布较为密集的大遗址提供了可鉴之处。以前大多数遗址展示都是在遗址上建立陈列大厅，集中展示遗址本体，遗址内出土文物的展示及相关内容的延伸较难开展。鉴于陈列厅的面积受制于遗址本体，诸如相关的场景复原、观众互动、数字化展示及教育活动等很难展开，这样，遗址展示的内容就显得枯燥单一、艰涩难懂，相关的历史知识也就难以展开，遗址本体及出土文物与观众之间缺乏互动，其教育、展示的社会功能很难得到充分发挥。铜车马博物馆的建成开放从某种意义上来说解决了这一难题，一定程度上缓解了遗址保护与遗址展示之间的矛盾，有效推动了遗址博物馆的考古发掘、文物保护、科学研究、陈列展示及宣传教育等工作之间的联动式发展。

铜车马博物馆的对外开放极大地满足了广大观众对这组国之重器的期待之情，是时代发展的必然结果。在参展文物的包装运输、陈列布展及公开展出期间，新华社、《人民日报》、《中国文物报》、《陕西日报》、陕西电视台等各大媒体都做了大量的持续性报道。开放当日进行现场直播，全网转发量超过 3000万人次，直播话题阅读量超过 1000 万人次。展览开放后，中央电视台纪录频道《探索·发现》的《2021 考古进行时·秦陵铜车马搬迁记》等也讲述了铜车马展览背后的故事。"青铜之冠——秦陵彩绘铜车马"展览集中展示了两乘铜车马及相关车马构件所承载的思想精华和文化风采，充分彰显了秦人奋发有为、炉火纯青的工匠精神与文化自信，从而引起了社会各界的极大反响，观众纷至沓来、络绎不绝。由现场调研与观众留言可知，大家对本次展览围绕一组核心文物所展开的有关秦代车马文化的相关历史知识非常感兴趣，对多样的展示方式和相关文物的解析重构也表示有耳目一新的感觉，当然对精美的文物更是赞叹不绝，甚至有些观众认为，"看了本次展览，（我觉得）世界冶金史应该重新编写"，还有诸如"它们是中国古代高科技的结晶"等溢美之词。这些现象也促使我们进一步地总结与思考，在今后的工作中，要打造一个受欢迎的展览，就必须进行充分的调查研究，通过网络留言、发放调查问卷、面对面的交流、举办学术沙龙甚至开展课题研究等方式，尽可能地了解受众群体的需求，在广泛吸纳观众反馈意见的基础上，突出展览主题、拓宽展览内容，增强展览的趣味性与互动性，以通俗易懂且简单明了的语言文字、多元化的展示方式和先进的展示技术，全方位地解读遗址本体所蕴含的历史信息，准确提炼并展示中华优秀传统文化的精神标识，更好地体现文物的历史价值、文化价值、审美价值、科技价值、时代价值，认真讲好文物背后的故事，切实做好历史文化的展示、传承与弘扬，真正体现传统文化的巨大魅力。

总之，秦始皇帝陵铜车马博物馆的建成开放，为公众打造了又一个富有特色和代表性的公共文化空间。这既是保护世界文化遗产、传播中华民族优秀文化、进行爱国主义教育的重要举措，也是促进传统文化建设、推进文化遗产事业发展、满足人民群众美好生活需要的有效途径。"青铜之冠——秦陵彩绘铜车马"展览以富有吸引力、亲和力和感染力的特征展示国之重器，不仅是贯彻落实习近平总书记关于文物工作重要指示的具体体现，而且对丰富博物院的展示内容、改善参观环境、优化展示格局、完善展览体系、促进学术研究、弘扬传统文化和推动博物馆高质量发展等方面都具有十分重要的意义。

青銅止冕

The Crown of
Bronze Works

一、展览内容

现代社会中，无论是在大都市还是小乡村，我们都能看见各种各样的交通工具，交通工具已经成为我们生活中不可缺少的一部分。火箭和宇宙飞船的发明，使人类探索另一个星球的理想成为现实，也许在不久的将来，我们每个人都可以到太空中旅行观光，去另一个星球考察学习。

那么，古人是如何出行的呢？他们选择了什么样的交通工具呢？答案有很多，步行、轿辇、牛车、马车、帆船等。马车的发明和使用，改变了人类认识世界和改造世界的方式，是世界文明进步的重要标志之一。马车在古代社会占有非常重要的地位，它既是上层人士日常出行的交通工具，也是身份等级的标志，同时还是古代礼制的重要组成部分。

从资料可知，全世界最早使用马车的是美索不达米亚人，在出土的距今4600多年的苏美尔王朝的乌尔王军旗上，有一幅四匹马拉的四轮战车图，图上的车轮没有辐条，好像是用两块木板拼合而成。公元前2000年左右，今俄罗斯南部草原也有人开始使用车。

在中国，目前发现的最早的马车出现于商代晚期，在著名的河南安阳殷墟遗址，考古工作者发现了上百辆马车的遗迹。这些马车制作精良，可用于日常出行、田猎、礼仪和战争等，乘坐马车的通常是王公贵族，马车是他们身份地位的象征。这一时代的工匠虽然已经掌握了马车运行的基本原理，但是他们对于车及相关部件尺寸的把握还不成熟，在甲骨上，经常能发现马车车轴、车衡断裂的记载。周人掌握了更为先进的造车技术，马车在他们开疆拓土的征战过程中发挥了实质性的作用，"御"术高下也是考核贵族的重要标准。这时的马车兼具军事和礼仪等功能，马车和"鼎簋制度"一样，成为丧葬制度的重要组成部分，具有"明贵贱，辨等列"的作用。在北京琉璃河西周燕国贵族墓地，考古工作者发现了目前已知最早的带伞马车，马车具有了更加实用的功能。东周时期，出现了各种制作精美的不同用途的马车，车马文化达到高峰，马车的地域特色逐渐彰显。春秋时期，青铜车配件广泛使用，车的牢固性和灵活性增强，人们对车马的控制能力提高。战国时期，各国对战车的需求大增，战车的制作技术及数量成为衡量一个国家强弱的重要标志。

秦以前，马车主要用于赏赐、贵族乘坐、运输物资和作为战争武器等。秦汉之际，不同用途的车型大量出现，车的种类变得更加丰富，也伴随着封建政治制度的逐步完善，一整套符合帝王公卿出行仪典的车辂制度最终形成。汉朝初年，战车退出历史舞台，安车载人的功能得到充分发挥，封闭式的车厢结构代替开放式结构，乘车人拥有了私密空间。根据汉以后历代文献的记载可知，后世车舆制度的变化主要在于装饰，马车的基本形制在此时已基本定型。

秦人祖先费昌善于驾车，帮助商汤打败了夏桀；造父善御，帮助周穆王平息了叛乱；非子因养马有功，受到周孝王的重用。在秦人东进的过程中，他们善牧、善御的良好传统得以保持并发扬光大，到战国末年，秦国成为拥有"带甲百余万，车千乘，骑万匹"的军事大国。秦统一后，秦始皇帝既延续了历史赋予车马的军事价值，又创造性地创立了帝王乘舆的銮驾制度。秦始皇帝陵出土的铜车马便是这种礼仪制度的具体表现，也是我们这个展览的主角。

历史离我们很近，书本上，博物馆里，到处都是历史的痕迹。历史又离我们很远，有千年的时光相隔，让我们产生了很多未知和敬畏。例如，我们大家都知道的马车，从考古出土材料可知，现在发掘出土的古代马车以木质居多，由于年代久远或保存条件不佳等因素影响，马车出土时多已腐朽，车马的细节和结构并不是很清楚。秦始皇帝陵铜车马通体由青铜和金银铸造，保存相对完整，铜车马的出土为我们认识和了解古代车马的结构、系驾方法、天子的乘舆制度和当时的金属制造工艺提供了珍贵的实物资料。其实，秦始皇帝陵铜车马出土之后，在甘肃武威的擂鼓台、甘肃兰州的华林坪、四川资阳等地都有汉代青铜车马出土，但是无论在车马等级、仿真度、制作工艺，还是在豪华程度上，这些铜车马都远在秦始皇帝陵铜车马之下。因此，北京大学著名考古学家宿白先生给秦始皇帝陵铜车马一个极高的赞誉——"青铜之冠"，意指秦始皇帝陵彩绘铜车马是中国考古史上截至目前出土的体型最大、结构最复杂、系驾关系最完整的古代青铜车马，"青铜之冠"也是这次展览的主标题。

"青铜之冠——秦陵彩绘铜车马"展尽精微而致广大，以"青铜之冠"为主标题，策展人着重围绕两乘大型彩绘铜车马，在"精微"处做文章，将铜车马在艺术、技术、历史等方面的"冠"细致地阐述出来，层层剖析，娓娓道来，把铜车马的性质、用途、结构、铸造技术等全方位地呈现给观众，展现"青铜之冠"的魅力。

（一）惊世发现：秦陵铜车马的出土

序厅"惊世发现：秦陵铜车马的出土"主要介绍秦陵铜车马的发现、发掘情况，以及铜车马坑与秦始皇帝陵的关系。

公元前221年，秦王嬴政完成统一大业，建立了中国历史上第一个统一的、多民族的专制主义中央集权王朝。为加强中央集权，巩固统一，他在全国范围内推行郡县制，统一文字、货币、度量衡、法律等，进行了一系列改革，对社会发展起了积极的促进作用。他曾五次出巡，封泰山，登芝罘，巡游各地。公元前210年，秦始皇帝在最后一次出巡过程中，病死在沙丘（今河北广宗县）。根据《史记·秦始皇本纪》记载，当时，"丞相斯为上崩在外，恐诸公子及天下有变，乃秘之，不发丧"，"独子胡亥、赵高及所幸宦者五六人知上死"，"遂从井陉（今河北井陉县）抵九原（今内蒙古包头市西）……行从直道至咸阳，发丧。

太子胡亥袭位，为二世皇帝。九月，葬始皇郦山"。这里所说的骊（郦）山就是我们今天熟知的秦始皇帝陵。骊山是秦岭北麓的一个支脉，有人说此山山体像一匹骊色（黑色）的骏马，因此而得名；也有人说因为西周时期一支叫"骊"的戎族在山的北麓建立骊戎国，故称之为骊山。秦始皇帝陵就位于骊山北麓山前冲积扇上，占地面积 56.25 平方公里。

嬴政 13 岁即位为秦王时就开始为自己修建陵墓，直到他死后，儿子秦二世又修建了两年，至完工共用时约 38 年，用工达 70 万余人次。秦始皇帝陵是一个系统工程，包括封土及墓室、墓道、正藏、外藏坑、祔葬墓、陵寝建筑、墙垣、门观、道路、陵邑及附属遗存、工程遗存等。整个陵园设计缜密、规模宏伟、埋藏丰富。秦始皇帝陵园整体布局在继承前代传统葬制的基础上，又有许多创新，对后代帝王陵园的建构影响深远。

秦始皇帝陵园的规模及埋藏情况，2200 多年来一直是人们关注和感兴趣的问题，历代的文人留下了许多关于秦始皇帝陵的记述资料，包括我们熟知的司马迁所著的《史记》、班固所著的《汉书》、北魏郦道元所著的《水经注》等，另外，在野史和志怪类小说中，也有诸多对秦始皇帝陵内埋藏的奇珍异宝的描述，当然，这些只能作为传奇故事对待，不能作为信史。历史文献的记载是否可信，如何辨别，有赖于我们考古工作者的田野调查和发掘加以验证。

关于秦始皇帝陵的实地考察，最早见于明代金石学家、藏书家都穆所著《骊山记》。1906 年，日本学者足立喜六利用在陕西高等学堂任教的机会，对西安附近的历史遗迹进行了实地考察，并结合历史文献记载，对汉唐长安城及长安城附近的名胜古迹、道观、寺庙等进行了广泛深入的研究，形成《长安史迹考》一书，其中有一张照片，就是目前我们知道的关于秦始皇帝陵最早的照片。

对秦始皇帝陵园正规的考古调查工作始于 20 世纪 50—60 年代，考古工作者在调查的基础上绘制了最早的陵园平面图。1974 年发现兵马俑坑后，为了摸清秦始皇帝陵园的规模和建筑布局，当时的秦俑考古队在对兵马俑进行勘探和发掘的同时，也开始了对秦始皇帝陵园全面、系统的勘探工作，至1985年底调查工作结束，历时11年，获得了丰硕的成果，在秦始皇帝陵园内外发现各种陪葬坑、陪葬墓、修陵人员墓葬、建筑遗址等，秦始皇帝陵铜车马坑就是在这次调查中发现的。

1978年6月21日，秦俑考古队的工作人员在进行田野考古勘探时，在距离秦陵封土西侧20米的地方发现了一座大型陪葬坑，坑的平面呈山字形（东西方向看），东西和南北长度均为55米，总面积为3025平方米。山字形坑南半部的结构相对独立，是由一条东西向门道和5个南北相邻并列的耳室组成的车马坑。1978年7月，考古队对该区进行了试掘，共开挖5个探方，在自北向南第3个耳室内，发现了两乘面朝西前后排列的彩绘木车马，木车马的形制与后来出土的铜车马相似，大小也是真车、真马的二分之一，出土的金银车马器也与铜车马上的相同。后经国家文物局批准，考古队又在1980年的11月5日至12月底，对这处车马坑最北边的一个耳室（1号耳室）进行了发掘，从中出土了两乘彩绘铜车马（图2-1、图2-2），根据两辆车的前后摆放位置，考古人员分别把它们编为一号车和二号车，跟我们今天在展厅看见的顺序相同。

埋藏两乘铜车马的土坑为长方形，长11.8米、宽3.1米，坑底距离现在地表有7.8米。埋藏时，坑内有用木板搭建的长方形木椁，两乘铜车马装备完整，静置在木椁中，然后坑口填土掩埋。2200多年过去了，由于木椁腐朽、坑顶塌陷，铜车被压碎，马腿被压断，车马身上的彩绘颜色剥落严重。铜车马结构复杂，两乘车马出土时破碎为约3010片，为了便于更加细致地清理和顺利开展后续修复工作，以及在修复过程中反复地观察研究，同时也为了确保文物的安全，考古工作者决定将两乘铜车马在不改变出土原状的情况下，整体打包迁移到室内进行清理修复。根据两乘铜车马的自然位置，工作人员采用压力切离法，将带刃的钢板压入文物底部的土层进行切离，然后对两乘车马分别整体包装、起吊，原封不动地迁移到当时的秦始皇兵马俑博物馆的修复室内，再进行后续的清理修复工作（图2-3、图2-4）。现在我们在展厅看见的完整的彩绘铜车马，就是考

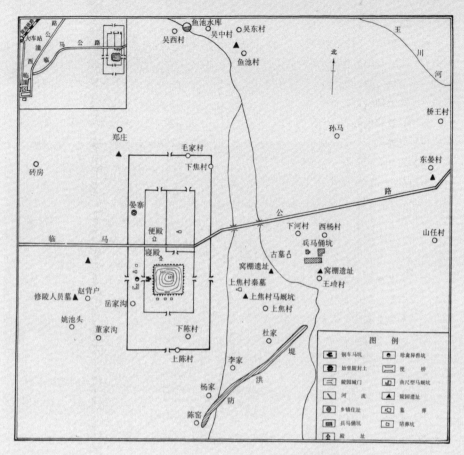

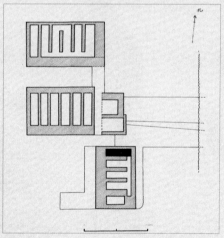

图2-1　秦始皇帝陵园示意（红色区域为车马坑）（上）

图2-2　车马坑平面示意（黑色区域为两乘铜车马试掘方）（下）

图2-3　一号车出土情况（上）
图2-4　整体打包吊装（下）

古和修复人员历时八年、兢兢业业的工作成果。在主展厅内两乘铜车马左侧的耳室中，展览模拟秦陵车马坑 1 号耳室的结构和铜车马的出土原状，用三维数据模型和多媒体技术，将铜车马的考古清理过程展示出来，观众刚好可以在同一空间看到破碎与完整相对比的铜车马，对文物修复人员的工作也能有更深入的了解。

当然，秦始皇帝陵的调查、勘探和考古发掘工作并没有在 1985 年就止步，石铠甲坑、百戏俑坑、大型宫殿建筑遗址、青铜水禽坑、文官俑坑等重要遗址相继在后期被发现，对秦俑、秦陵、秦文化的认识也逐渐全面加深。序厅沙盘展示了目前探明的秦始皇帝陵园的整体布局和车马陪葬坑的情况。

（二）雍容华贵：秦陵铜车马的风采

1.车马形制

古人认为，人死后灵魂尚存，死者将在另一个世界继续生活。因此，死者入葬时，生前所用之物都要随葬地下，供死者的灵魂继续享用。从商代起，马车已成为社会上层人士死后的重要陪葬品。从考古出土数据可知，商代晚期至春秋战国时期的高等级墓旁，大多都陪葬有数量不等的马车。特别是春秋战国时期，陪葬马车的风气愈演愈烈，很多大型车马坑中从葬马车的数量常在十辆左右，多的有二三十辆，僭越现象非常严重，如河南三门峡的虢国墓、山西太原的晋国赵卿墓等。到了汉代，多数从葬的马车移入墓内，有的放置在墓内的耳室中。

大量的考古信息表明，为墓主陪葬的车马坑总是设在距离宫室较近的地方，以便墓主随时传唤使用。埋藏铜车马（图 2-5、图 2-6）的秦始皇帝陵车马坑位于秦始皇帝陵封土西侧 20 米处，在通向地宫的墓道的一侧，应该是皇帝御用车库的象征。

图2-5 一号车

图2-6　二号车

图2-7　二号车主舆（上）
图2-8　二号车前舆（下）

早在先秦时期，车马就既是代步工具，更具有区别贵贱、彰显礼仪精神的重要意义。《周礼》称"服车五乘：孤乘夏篆，卿乘夏缦，大夫乘墨车，士乘栈车，庶人乘役车"。根据史书记载，周代建立有天子的"五路"制度，玉路以祭祀，金路以封同姓，象路以封异姓，革路以封四卫，木路以封蕃国，五路由专门的官员"典路"掌管。秦统一后，秦始皇帝总揽六国旧制，取其精华，创立了一套专属皇帝出行的卤簿制度，即古代帝王出行、朝会时随行或陈列的仪仗制度。秦陵铜马车上的彩绘纹饰具有典型的楚文化特征，这很可能是吸收了楚国车舆装饰的具体表现。秦卤簿制度的创制之一是将乘舆主车定名为"金根车"，据汉代《孝经援神契》的说法，"根"是载养万物之本，所以"根车"也不是平常人能使用的，"金根车"就是以金为饰的根车，驾六马。卤簿制度的另一项创新是建立了一支庞大的属车队伍。属车，也称作副车、贰车、佐车等，其中有五色安车、五色立车各一，共 10 辆，属车皆驾四马。

二号铜车马分前后两室，御手跽坐在前室驾车，后室四周帷蔽，三面设有纱窗通风透光，私密有度。御手手中辔绳的其中一根上写有朱书的"安车第一"四个字，且二号车形制也与史书记载的安车一致，说明其应是天子法驾卤簿中的安车（图 2-7、图 2-8 ）。古代安车的形制比较复杂，有用以尊贤敬老的车舆窄小、车盖低矮的小型安车；有供王公、列侯、王后及贵妇所坐乘的有盖和帷的安车；有作为皇帝乘舆的有盖、屏蔽、户牖的装饰华贵的大型安车。安车的车窗可左右推拉关闭，有"开之则凉，闭之则温"的效果，秦汉时期称为"辒辌车"。秦始皇第五次东巡时病死在沙丘，"置始皇居辒辌车中"，他的尸体就是用辒辌车运回咸阳发丧的。汉代的辒辌车饰有柳翣，成为丧车，此后辒辌车与安车成为性质完全不同的两类车。

一号车车舆前軨上装有银质弩韇，弩韇上放置了一架铜弩，弩韇既能承弩，又能让使用弩的人利用弩韇金属钩的支撑和钳制之力，在狭小的车上相对轻松地完成张弩并射击的操作。弩韇后部呈扁长方筒形，与前軨通过焊铸法连接，前部有一含口，含口上唇短，末端向下微勾呈鸟喙状，下唇长而向斜上方弯曲，末端呈鸭首形向前平伸，整个下唇的形状犹如鸭举颈昂首。银弩颊上侧及左右两侧铸有浅浮雕状的流云纹（图2-9）。铜弩由弩臂、弩机和弓三大部件组成（图2-10）。弩臂正面有一纵向的箭槽用来装箭，前端有半圆形的含口用于承弓，在距离含口前端6.8厘米的弩臂左右两侧各有一耳，在两侧耳与含口内弓的弣部之间铸造有形似皮条缚扎的纹饰，皮条纹宽0.3厘米，"皮条"前端缚住弓背的弣部，后端缚在弩臂两侧的耳上，使弓与弩臂连为一体，防止发射时的反弹力造成弓从含口内滑脱。弩臂两侧彩绘流云纹，云头卷曲，细如发丝（图2-11、图2-12）。在弓的弣与渊、渊与萧的交接处，各铸有一个带束，两侧萧的中部各有两个带束，此带束古名为缴束，其原物应是用线组和漆胶缠扎的束箍，用以增强弓背的抗折强度。弓两头各有凹口（古名弰）用以系挂弓弦。弓弦也是铜质，长71.6厘米，径0.3—0.4厘米。弦内近弓背一侧又系着一根与弦平行的组绳，此绳的作用一是保护弓背，防止发射时弓的弹力过大而造成弓背折损；二是保护弓弦，分担弓的张力，增加弦的寿命。弩臂后端装有弩机和关。弩机的望山和悬刀饰错金银纹。

在一号车左前部，有一个长方形箭箙，名矢箙（图2-13），矢箙内装有12支铜箭，箭头超过矢箙口沿9.8厘米，方便抽取射出。矢箙背面光素，有嵌补的铜片一块，正面及左右两面均有彩绘。矢箙上有三道铜箍将其分为上、中、下三界域，界域内绘有深蓝色的流云纹，流云纹边界以细白线勾勒。车厢内车轼下方较为隐蔽的地方放置有弧形底的长方形铜盒，名笼箙，通体彩绘细密的几何形纹饰（图2-14至图2-16）。笼箙有盖，盖从中间分为左右相等的两个"L"形盖板，上部盖于口部，与箙的一边口沿呈活铰式连接（图2-17），使盖可以自由开合，下部垂于外侧。两个铜片可以同时打开，也可以只开启一片。箙的左右两端各铸有一环首形纽鼻，纽鼻内径0.2厘米，外径0.8厘米，纽鼻上套有铜丝扭结的鎏金链条。笼箙放置在立车舆内车轼下方的隐蔽处，用铜丝鎏金链条与车舆前軨上的铜环挂连。笼箙内有铜箭54支，其中50支是尖头，4支是平头，出土时54支箭仍装于箙内，原封未动。

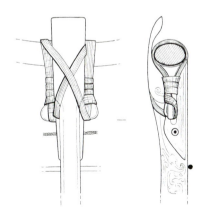

图2-9 银弩辄（上左）

图2-10 一号车车前的铜弩（上右）

图2-11 弩臂表面的彩绘纹饰（中）

图2-12 弓与弩臂前端的固定结构（下）

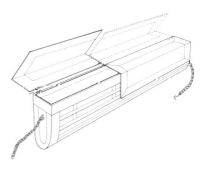

图2-13　矢箙（上左）

图2-14　笼箙与铜矢（上右）

图2-15　笼箙正面纹饰示意（中右）

图2-16　笼箙盖板上的彩绘纹饰（下左）

图2-17　笼箙结构示意（下右）

车厢右侧嵌有铜质盾箙，箙内插一件铜盾（图2-18）。铜盾为一次铸造成型，平头，弧肩，曲腰，平底，两侧边沿的轮廓线如流云状。盾正面有一条纵脊，脊左右两侧均衡对称，盾面中心隆起，由中心向上下两端渐渐外侈，到顶端和底端又向内敛，呈凹弧形面。由中间的纵形脊向左右两侧亦呈弧形面，波折起伏，形成上下左右四个弧形曲面，这样便于把敌方射来的箭挡落，不至于使箭从盾面滑过（图2-19、图2-20）。盾背面的中轴线上有一贯通上下的纵梁，梁的中部鼓起形成一个握手，握手上铸造有皮条缠扎纹，握手两端及梁的上下两端各有一带束纹，说明原来应是用条带捆缚在盾的背面（图2-21）。铜盾正反两面均绘有绚丽的纹样，均用朱红色线条勾勒出边栏，边栏内绘有天蓝色的流云纹，流云纹以外的空白区域填满白色的谷璧纹，中央区域绘有四条变相夔龙纹。整个平面构图饱满，均衡对称，纹样回环曲折，变化多端。变相夔龙躯体涂天蓝色，在天蓝色上用朱红色的细线勾画出一组组的细小菱花作为鳞甲，夔龙躯体边缘用绿线勾勒，绿线外侧再用细白线勾勒，整个龙体立体感明显（图2-22、图2-23）。铜盾与《诗经·小戎》记载的"龙盾"相似。

车上有能够拆卸的伞盖。这些都表明一号车具有戎车的特点，在乘舆队伍中具有"征伐"的象征。一号铜车马与安车呈前后排列，且车马的装饰与《后汉书·舆服志》对"五时车"的描述对应，如安车与立车的驾马均为白色，骖马头上有纛，车轮涂朱色，车轼以带有精致花纹的绣锦为装饰，车上建有华丽的车盖等。因此，一号车应该是五时副车中的立车。

两辆车御手俑均身穿长襦，头戴鹖冠，鹖冠与秦兵马俑一号坑出土的高级军吏俑所戴的鹖冠相同，文献记载，鹖冠制度由赵武灵王创建，秦汉时期沿用，为武官及皇帝的近臣所用，铜车马御手俑以及兵马俑坑出土的将军俑所戴鹖冠是最好的佐证。另外，两个御手俑均腰际佩剑，这说明御手的地位和身份都较高，是御官，而非一般的御者。一号车御官俑呈站姿，头戴鹖冠，身佩长剑，神情恭谨肃穆，意志专注；二号车御官俑双目略略下视，意志集中，脸上微微露出喜悦的笑容（图2-24、图2-25）。《急就篇》中有"秩命不同则彩质各异"的说法，铜立车御官俑的腰间

图2-18　一号车上的铜盾与盾箙（左）
图2-19　铜盾侧视（右）

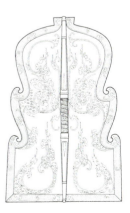

图2-20 铜盾正面（上左）

图2-21 铜盾背面（上右）

图2-22 铜盾正面纹饰示意（下左）

图2-23 铜盾背面纹饰示意（下右）

图2-24   一号车御官俑（左）
图2-25   二号车御官俑（右）

右侧佩戴有象征等级高低、尊卑贵贱的彩色绶带，带上有佩环，环的纹饰为秦代流行的谷纹（图2-26）。

铜御官俑造型准确，神韵生动，面庞圆润，五官清秀，上唇有两片浅浮雕式的平八字胡，刻出缕缕的胡须。双眉呈羽形，用錾刻法刻成。头上的发饰和脑后的扁髻纹路清晰，富有一定的质感。手的制作极其精细，指头的长短和肌肉的厚薄都合理合度。

关于秦代车制的具体信息，文献没有记载。西汉建立后，承袭秦制，虽略有所改，但汉武帝以前的中央行政体制，基本上没有突破秦代模式，《后汉书·舆服志》记载"承秦之制，后稍改定"。汉代天子出行，其车驾有大驾卤簿、法驾卤簿和小驾卤簿三种不同的仪仗规格，其最主要的区别是天子副车的数量，以及随行官员的级别、车骑的多少。天子副车，大驾八十一乘，法驾三十六乘，

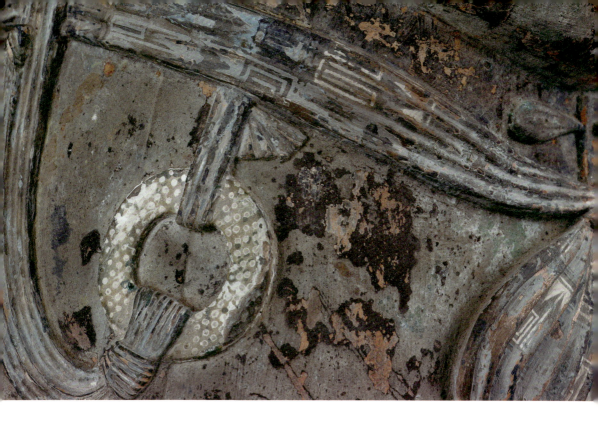

图2-26　一号车御官俑腰间的绶带

小驾九乘。秦代皇帝的车驾是否也和汉代一样有大驾、法驾、小驾之分，文献并没有相关记载。按照逻辑推断，应该不是只有一种规格，而是存在不同的车驾规格。

2.装饰纹样

铜车马坑目前尚未全面发掘，里面到底埋藏有多少车马目前还不清楚，一、二号铜车马是属于何种规格的车驾目前也难以确定，但是一、二号铜车马是始皇帝车驾卤簿中的属车，即副车，应该不存在疑问。另外，除去形制和构造，铜车马的颜色、装饰等，也是铜车马等级和性质的重要证明。《后汉书·舆服志》载："乘舆，金根、安车、立车，轮皆朱班重牙，贰毂两辖，金薄缪龙，为舆倚较……羽盖华蚤……"这里所说的是汉代天子乘舆中的金根车、安车、立车的装饰情况，根据对铜车马的研究发现，秦始皇帝乘舆的装饰与汉代天子的乘舆有许多相似之处，具有"华美奢装"

的特点。如一号车伞盖，盖衣内侧图样保存完整，纹样分为两种，一是边缘部分的图案纹样，二是在中部区域满绘着的彩色变相夔龙、夔凤纹。边缘部分菱花纹、蟠螭纹和水波形几何纹从外到内连续排列，中心区域以盖斗为中心分为内、中、外三个区域，散点式分布着 112 组夔龙、夔凤纹，围绕盖斗层层拱卫，再加上边缘的三排纹样，使伞盖内侧的整个画面既构图饱满，又有一定的层次（图2-27）。变相的夔龙身体屈曲卷尾，躯干部分有的为绿色，有的为天蓝色，用朱红色或墨线勾画鳞甲。躯体蜷曲的内侧用赭色或墨色绘出弯月形，从而使夔龙躯体富有立体感。变相的夔凤多用绿色，用墨线勾画羽毛。夔龙、夔凤躯体的外侧线条波折成云头状，远看像一朵朵的云头纹。二号车车盖与一号车相同，都用白色、浅蓝色打底，满绘夔龙、夔凤纹，承托车盖大铜片的鱼脊状骨架上亦有彩绘纹样（图2-28）。伞弓末端套有银质盖弓帽（图2-29）。立车之盖为伞形，伞杠套错金银铜杠箍；安车之盖为椭圆形，覆扣在车厢顶部，盖弓脊梁上有彩绘的勾连流云纹。两车车盖的顶面因锈蚀而不知颜色，但边缘均绘有几何纹。两车伞、盖装饰华丽，绝非一般车舆所能比，与"羽盖华蚤"的记载相似，是高等级马车的形态。铜车轮的牙、辐和毂上涂有朱红色，寓意为朱轮，唐代诗人王勃《临高台》中有"朱轮翠盖不胜春，叠榭层楹相对起"的描述，朱轮也是王侯显贵车马的标识。

铜车马的八匹驾马通体涂白色，脊部有一条纵长墨线，双耳内侧和口内、鼻孔内都涂朱红色，眼部为白睛黑珠。根据礼制要求，皇帝卤簿中的五色安车和五色立车的车马颜色要"各如方色"，"五色"是按照当时盛行的阴阳五行说把空间地域分为五个方位，用五种颜色来代表，即南方赤、北方黑、东方青、西方白、中央黄，五行五色相生相胜，象征王权授命，周而复始。铜车马的驾马通体涂白色，且车体以白色做底，纹样色调偏素，与五方色中的西方色相同。这是否意味着一、二号铜车马就是五色安车、五色立车中的一组副车？因车马坑尚未全面发掘，目前还不能做肯定的判断。

图2-27　一号车伞盖内侧纹饰（左）
图2-28　二号车车盖内侧的纹饰（右上）
图2-29　一号车伞盖上的银质盖弓帽（右下）

　　关于马的装饰，根据《独断》《后汉书·舆服志》等书的记载，汉代天子乘舆马的装饰有"左纛、金鍐、方釳、繁缨""象镳镂锡"等。一、二号铜车马的装饰有纛、繁缨、金银勒，勒上有金当卢、银镳，另外骖马的颈上套有金银缨环、金银缰索。纛是古代马车上的重要装饰，流行于战国、秦汉时期，战国时期多为大夫及以上级别的人使用，从秦代起，纛似乎成为皇帝或王乘舆上的专用装饰，有时也会被赏赐给有功之臣作为葬礼车服之用，两乘铜车马右骖马的头顶都有纛，是目前仅见的一例纛的实物标本。纛由底座、铜柱和垂缨三部分组成。底座呈半球形，中空，壁厚0.3—0.4厘米，通体彩绘精致规整的菱格纹。菱格内铆有直径0.5厘米的圆形

图2-30　二号车右骖马头顶的纛（左）
图2-31　纛底座结构和纹饰（右）

金泡16枚。底座的顶部立一根铜柱，铜柱顶端有一个椭圆形铜球，球体中空，周身布满小孔，每个孔内贯有铜丝3—4根，贯丝后再用铜楔把孔楔紧，以防铜丝滑落。铜丝呈水波形，径0.02—0.05厘米，长度参差不一，球上所有的铜丝聚拢下垂成穗形。纛半球形中空的底座与骖马额顶部蘑菇形铜球基座相套合，纛就固定在骖马头上了（图2-30、图2-31）。在基座和底座的前边和左侧各有一相对应的圆孔，孔径0.1厘米，孔内有可以活动的插销，以便安装和拆卸。

　　在铜车马发掘过程中，两乘车分别发现有缨络8件，其中4件出土时位置明确，分别吊挂在4匹马下颌的勒带上，另外4件散置，位置不明，后经文物工作者细心查对，另外4件应安装在4匹马耳后的勒带上。缨络古名繁缨，是王车和皇帝乘舆的装饰，贾谊的《新书·审微》曾说"繁缨者，君之驾饰也"。膺环也称缨环、项环，古人将马的胸前称作膺，铜车马的左右骖马颈上各套有由42节金管和42节银管相间排列套连而成的膺环，这也是我国考古史上仅有

图2-32　挂在马下颌的繁缨和颈上的鹰环（左）
图2-33　鹰环结构特写（中）
图2-34　二号车车轮上的飞軨（右）

的一例（图2-32）。鹰环由金银管相间排列的小节组成，金银管截面均呈圆形，内侧呈八角形，铸造成型，节与节之间焊接成为一体（图2-33）。鹰环的内部为铜芯。作为羁马控马的鞁具，铜车马上的马勒有金构件578件、银构件616件。用大量的金银件作为马的装饰，显示了一、二号铜车等级的高贵。这里需要说明的是，铜车马上的纛立于右骖马的头上，而汉代的纛则在左骖马的头上或在衡上，另外马头上没有见到文献中描述的金鋄和方釳。在两辆车车轴末端的軎上还系缀一件由三叶铜片叠成的飞軨，实用马车的飞軨用丝帛制作，是秦汉时期马车轴头的装饰，也是马车等级的标志，铜车马上的飞軨也是目前考古资料中所见的最早的实物例证（图2-34）。

3.铸造工艺

雍容华贵的青铜车马，是古代马车的真实反映，是我国青铜铸造技术、雕塑艺术和彩绘技术的集中体现。铜车马铸造工艺复杂，制作技术精湛。两乘车马总重量为2302千克，零部件总数超过6000件。铜车马绝大部分部件用铜、锡、铅合金制造，合金中含有铁、铝、硅等10多种微量元素，少量的鞁具、车马器和装饰器具用金银制作。文物保护人员修复时曾对很多变形的青铜零部件进行矫正，说明所用青铜合金的综合机械性能尚好，2200多年前铜车马所用青铜的冶炼水平较高。

铜车马结构复杂，细节表现清晰、逼真，绝大多数构件、器物和配件都是由众多的零部件连接组装而成的。这些零部件无论大小，大多是铸造成型。其中的大型厚壁件及长杆形件，如马、俑、轴、辀等，均采用空腔造型。铸造时的范为泥质陶范，长杆形件的范芯内加有铜芯骨。大而薄的构件如车盖，采用铸、锻结合，接近边缘的一周是铸造后再加热锻打而成。形体较大且结构复杂的部件如车舆、轮等，则采用了铸接、嵌铸、榫卯结合加焊接等综合铸造工艺。两个柱体部件的连接处如辕与轴、横与辕、辀与衡之间，则是利用外部包裹的皮带纹以包铸的方法固定成一体。组成马车的零部件众多，连接的方法多种多样，大致可分为不可卸的冶金性连接和可拆卸的机械连接两大类。

不可卸的冶金性连接又大体可分为三种：一是嵌铸法，又可称接铸法或铸接法。车上的一些复杂的大型构件多采用这种方法连接，如马腿与马体（图2-35、图2-36）、俑腿与俑体、轮牙与辐、盖杠与盖斗等。二是包铸法，主要用于两个或两个以上柱形构件的固定联结及革带缠扎纹的制作,应用比较广泛,如衡与辕、辀与衡、辕与轴、轴与觥、剑带与俑体、弩臂与弓弣的连接等（图2-37、图2-38）。三是焊接法，又名铸焊法。因铸接工艺的不同，又有熔化焊接、插接式焊接、补铸性焊接、双金属铸接等。采用熔化焊接的如车轵与揽軏、俑冠与头发之间

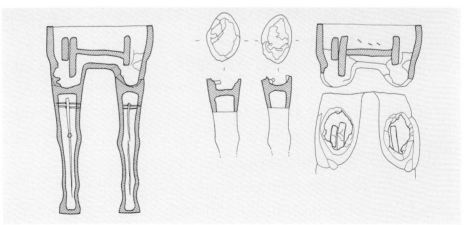

图2-35　出土时马腿的断折情况（上）

图2-36　二号车左骖马腿部的铸造工艺痕迹示意（下）

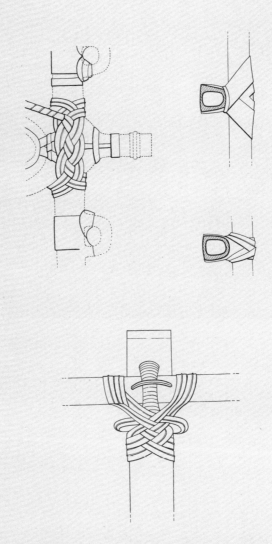

图2-37　衡与辀的缚结示意（1）（上）

图2-38　衡与辀的缚结示意（2）（下）

图2-39　子母扣连接（柱体 I 式）（上）
图2-40　子母扣连接（柱体 I 式）示意（下）

的连接等；采用插接式焊接的如俑的头、手与身体的连接等；采用榫卯结合焊接的如车軨下端与车轸的连接等；采用焊接加拴板连接的有车耳与车辀的连接；采用补铸性焊接的如对铜马、铜俑等表面缺陷的修补等；双金属铸接仅用于骖马金银缨环的个别部位的连接。

　　可拆卸的机械连接工艺多种多样，有子母扣加销钉连接、活铰连接、钮环扣接、转轴连接、锥度配合连接、铆接式连接、弯钉钩挂、套接、卡接等。以上这些机械连接工艺在车马鞁具和配件的制作中应用极其广泛。铜车马的马勒用金、银、铜三种材料制作。勒带由外包金、银扁管的短铜节以子母口对接的方式连接而成。金、银管与内部的铜条结合紧密，节与节之间严密合缝（图2-39、图2-40）。马额处的金当卢和勒带交接处的金泡与银泡，正面以精美的纹饰作为马勒的装饰，背面则用青铜铸出交叉的勒带和鼻钮，呈现出马勒"节约"的形制和状态。一套马勒的零构件多达近200件，制作工序繁复，加工难度很大。古代马车的鞁具多数是皮革制品，秦陵铜车马的鞁具绳带不仅极力模仿绳带的结构关系和形象状态，更采用不同构造的活动关节和连接方式，来表现绳带的柔软特征。一根绳带类鞁具往往由上百段铜节和策扣组成，很多铜节既短又薄，每段铜节都要经过铸造、切割整形、打磨合缝、组合钻孔、销钉连接等工序，工艺精细、繁复，制作技术高超。

　　为了便于各种鞁具的佩戴和卸除，以及曹轴、窗门等的装卸和开启、关闭，秦

图2-41 窗楣结构（左）
图2-42 门键结构（内视）（右）

代工匠还设计了各种各样的闭锁和开启结构。有键式启闭、活销式启闭、带扣式启闭、活铰式启闭、三重卡式启闭、拐形栓式启锁、推拉开合式启闭等（图2-41、图2-42）。

凡实用马车上用革带缠扎的部位,铜车马上都铸有形象逼真的革带纹及带结。带结有活结和死结两类，每一类中又各有近十种不同的绾结方法。缠扎的纹路清晰，交叉和缚结关系交代明确。原物是革带、绳条等的鞁具和挂绳，大多用众多的活节或是铜丝链条来表现革带和绳条的柔软形态和能够自如弯曲的特性。御官俑、铜马及车中的大部分零部件在铸造成型后，都经过修整加工。加工的工艺方法众多，有锉磨、抛光、钻孔、切削、錾刻、镶嵌、冲凿、钳工装配等。

　　铜车马制作工艺复杂，由众多零部件组装而成，在组合铜车马之前，工匠会对车马部件进行标记，文物工作者在两乘车马上共发现朱书、墨书或刻画的文字50处，共计108字，其中大多数写或刻在鞍具或鞁具的组件上。这些文字大多数是编号，少数与车马器具的名称有关。编号的体例有五种：第一种是将当时对物的称呼或位置与数字写在一起，如一号车四件金当卢背面的刻文"鞥右一""鞥二""鞥三""道四"，四件金当卢的文字与右骖、右服、左服、左骖四马的顺序相应，反映了一号车四马自右向左的排列顺序。第二种是将干支与数字结合，前面是干支中某字，后面是数字，如二号车御官俑左臂下部的刻文"丁八"，左骖马鞶带上的刻文"庚三"等。第三种是干支的单字，如二号车囊形铜壶底部的墨书"丙"，害辖中害内端的刻文"庚"等。第四种是表示方位的单字，用来标注零配件或马的位置，如二号车右骖马金银膺环上的刻文"中"，左服马马勒左侧镳上端的刻文"左"等。第五种是数字单字，如二号车左骖马上的刻文"三"。有的器物上所刻的文字既不是干支号，也不是数字，如右服马右耳上的刻文"口工"。总体来看，车马上的器物和编号之间没有统一的规律，但是同一乘车上的同一种零件的编号则有一定的规律性。编号的作用是标注零配件或马的位置，以方便组合安装。与车马名称有关的文字，一是在二号车的一根辔绳末端朱书着"安车第一"四字，"安车"应是秦人对车名的"标注"，"第一"是辔绳编号；二是在二号车驾马所戴当卢的背面依次刻有"鞥右一""道二""道三""鞥四"，其中"鞥""道"及数字顺序，与骖马和服马的组合排列相同。这几组文字为我们探讨秦代车马的名称提供了佐证（图2-43至图2-46）。

图2-43 二号车左骖马当卢背面的刻文（上左）

图2-44 二号车右服马当卢背面的刻文（上中）

图2-45 二号车左服马当卢背面的刻文（上右）

图2-46 二号车马当卢上的文字（下）

（三）据形求实：秦陵铜车与秦代马车

1.据形：惟妙惟肖的秦陵铜车

　　与兵马俑一样，秦始皇帝陵铜车马采用写实的风格，陪葬车马按照 2200 余年前真实的秦始皇乘舆马车制作，在整体规格缩小二分之一的基础上，忠实地模拟秦代实物车马的形制结构和外观形态，采用青铜铸造和彩绘纹饰双重手法来表现出实物马车的材质、构造和装饰，达到据形求实的效果。

　　从铸造上来说，秦代工匠能从整体到局部准确把握塑造对象的形与神，将塑造对象刻画得惟妙惟肖，例如装在一号车上的铜囊形壶、铜索形器和铜折巾。铜索形器原物应是用麻线或丝线编织的软索，此处则是由一根弯成弧形的索状铜条、两段用铜丝扭结的细链条和两个铜球构成，中段有 5 个以子母扣相连的活节，用以表现原物的柔软性以及能够自如弯曲或伸展的特征（图 2-47）。铜折巾是由一整块只有 1 毫米厚的薄铜板经过两次对折叠合而成的正方形铜板，两乘车的舆内各发现 1 件。铜折巾原物应该是丝绢类的方巾，此处由一块正方形的铜片对折成四层，折巾表面没有花纹，通体涂白色，夹层中也有白色涂层，说明应是先在铜片表面涂色然后再折叠（图 2-48）。在一号车上，铜囊形壶、铜索形器和铜折巾都存放在车轼下方的隐蔽位置（图 2-49），二号车上，三件器物出土时位置散落。虽然目前学界对三件器物的具体作用还不能下定论，但是铜车马的出土让我们看到了秦代马车上配备的多种特殊的马车用具，为我们了解和研究古代马车的使用和秦代的社会生活提供了珍贵资料。

　　再如两个御官俑的塑造，俑的身体比例适度，塑造手法简练，尤其是对俑的头发、双手动作和面部神态的刻画，发丝采用阴刻，发髻采用浮雕，发纹清晰。俑的双手肌肉的厚薄、指节的长短粗细、关节的弯曲及指甲的质感，都刻画得合理适度。铜立车御官俑右侧腰间的佩环和绶带，采用浮雕的形式贴铸在衣服表面，还用色彩

图2-47　一号车上的铜索形器（上左）

图2-48　二号车上的铜折巾（上右）

图2-49　铜囊形壶、索形器和铜折巾在一号车上的位置（下）

图2-50　立车御官俑手部特写

体现原物玉环的质感。两个俑的形象都为中年男性，立车御官俑长方形面孔，宽额头，高颧骨，粗眉大眼，阔口厚唇，上唇上有两片板状的八字胡，下颌上有一撮胡须，五官端正，神情恭谨、专注，俑双手紧握马辔，目光略微下视，专注的同时又透出几分自信，体现出忠于职守的神情。安车上的铜御官面部塑造也极为生动，五官清秀，脸庞圆润，嘴角略微上翘，显示出他对自己身份的满意和优越感。秦代工匠准确地拿捏住人物内心世界和面部表情之间的关系，把高级御官那种谦卑却又自负、忠诚又不安的独特心理刻画得栩栩如生。

　　铜御官俑的塑造，是铸造和彩绘的完美结合。御官俑通体彩绘，出土时虽彩料多已剥落，但是从残存的颜色观察，御官头部颜色有两重，下层以白色作为底色，上层平涂黑色表示发色。手、足和脸部涂白色（可能原来为粉红色，后褪成白色）。眼睛绘白睛黑珠，黑白之间的过渡色为灰白色。御官俑的服饰、冠履、腰带、佩剑和佩环的铸造和彩绘也都严格参照实际，如立车御官俑的上衣，其外衣为交领右衽长襦，长襦施两层彩，下层白色做底，上层为粉绿色，衣领边缘及衽边镶着宽约2厘米的彩色花边，花边用白色打底，再用朱色、粉绿色绘出菱花形的纹样；袖口有6—7厘米宽的白色袖缘，并镶嵌着宽约2厘米的花边，花边上绘着朱色、粉绿色的几何形图案纹样。这些刻画，把秦代高等级御手的形象表现得淋漓尽致（图2-50）。

　　铜车马上的铜马，可担得起"神骏强健"四个字。秦陵铜车马一组两乘，每乘车由四马驾挽。八匹马整体由青铜铸造，都是站立形态，四蹄挺立，举颈昂首，剪鬃缩尾，胸肌隆起，膘肥健壮。马头面颊棱角分明，眼球隆突，鼓鼻张口；马腿骨骼及关节比例适度，肌肉强健有力；马口中塑出六颗牙齿，表明马的年龄正处于青壮年时期。

　　秦人是一支有着丰富养马经验的部族，熟悉马匹的身形结构和行为习性。秦代工匠在塑造铜马时，不仅准确地把握了马的身体比例和骨骼结构，而且通过对马头和马腿的重点塑造，将马的瞬间动态也表现了出来，体现出高度的写实风格，展现了秦代工匠高超的铸造技艺。例如一号车的骖马，右骖马脖颈向右侧扭动，尾巴作相应的反方向摆动；左骖马则与之相反，脖颈向左侧扭动，尾巴随之向右作反方向摆动。这些微小的变化，给人以两匹马正摆首奋尾跃跃欲试的感觉。

　　左右骖马躯干的造型手法简洁明快，没有过多的雕饰，基本上都是用弧形的圆面，把腹部和臀部塑造得膘肥滚圆。马的肩胛骨高高隆起，脊背宽厚，微微向下凹陷，富有节奏变化。两匹骖马的胸部肌腱隆突，呈块状，四条腿关节筋骨分明，前腿如柱，后腿若弓，蹄础大，蹄腕高，表现了马力量、速度兼备的体能。骖马头部的长、宽比约为 5 : 3，显得头部较宽较重。头部的塑造方面，马的脸颊为硬直的平面，转折处棱角分明，透过皮肤，好像能看见马坚实的骨骼。眼皮和鼻孔周围的皮肤用波折的阴线表示，鼻孔似翕张，眼睛隆突如同悬铃，尖尖的双耳向前耸立，显得神骏、机警。马鬃剪成长方棱形的高浮雕，再用阴线刻画鬃毛。马鬃中部有一段长 5.5 厘米、高 6 厘米的鬃毛突起耸立（图 2-51 至图 2-54）。另外，左骖马靠近额头处有一撮作为装饰的文鬃飘散在额前，右骖马没有文鬃装饰，但是在其双耳之间的额头部位有一菌形的铜疙瘩，这是为了安装纛而特意铸造的纛座。骖马身上驾具齐备，形象极力模拟实物。

图2-51　一号车服马的鬃毛（上左）

图2-52　二号车右骖马（上右）

图2-53　马嘴里的牙齿（下左）

图2-54　马的后腿（下右）

如果说秦代工匠高超的青铜铸造工艺将御官俑的恭谨自信和铜马的神骏强健表现得淋漓尽致，那么彩绘的运用就将"形神兼备"四个字"刻"在了铜车马上，尤其是表现在车舆上。铜车马的车舆装饰是多种工艺的结合，结构塑形、浮雕塑形和彩绘纹饰三者配合，结构塑形构建其形状及质感，浮雕塑形表现其结构的表面形态，彩绘纹饰则彰显其结构的具体属性，三者结合将古代车舆装饰工艺展示得一览无余。

铜车马彩绘颜色有朱红、粉红、绿、粉绿、深蓝、天蓝、土黄、白、黑、赭等，其中以蓝、绿、白、朱红四种颜色用量较多，色调素雅清新。铜车马上所用的颜料均为矿物颜料，用多种颜色来装饰同一器物能达到强化主题意境的效果。彩绘纹样有变相的夔龙夔凤纹、流云纹、各类菱花纹，还有多种多样的几何形纹、变形虺纹等。素面加彩的办法简化了造型及浇铸程序，素面代替铸纹降低了工艺难度，施彩时任意性强，修改余地大，比铸造纹饰更容易达到装饰目的。

铜车马的彩绘不仅仅是为了装饰美化，在彰显奢华的同时，工匠巧妙地运用色彩和纹饰的组合，实现了对秦始皇帝实用马车物质属性、车舆结构和使用材料的描摹、刻画和呈现：

（1）表现木质构件、皮革等器物表面髹漆彩绘的颜色和图案，如车轮、车轸、车耳、盾、弩等部件。一、二号铜车车轮均涂朱色，象征朱轮，铜盾正反两面均彩绘变相夔龙纹，夔龙龙体屈曲作飞腾状，与文献记载的"龙盾"相符合，和江陵凤凰山汉墓出土的漆盾以及长沙一些战国墓出土的革胎漆盾形状相似，可能实用马车也是以革为胎，并通体髹漆彩绘。在秦兵马俑一号坑的车舆遗迹前，也出土了一件髹漆彩绘革盾，盾的形制与铜盾形制大体相似。

（2）表现丝质锦帛表面的纹理和花纹。这种彩绘表现方式使用得最多，如车舆内外的围蔽和衣蔽、车盖内表面、车窗和车门上的纹样以及御官的服饰等。古代车舆周围的栏杆，由纵横交接的横木和立木组成，立木古名轵，横木名轼，总称叫轸，轸内侧一般装饰有不同质地的软性屏蔽，也叫藩蔽，屏蔽有蒲席、

图2-55　一号车车轮结构及内侧的屏蔽层（左）
图2-56　车前轮外层屏蔽物上的纹饰（右）

苇席、麻布、缯帛、漆席、皮革等不同材质。一号铜车的前侧、左右两侧及后侧的左右角的栏板上都铸造有浮雕的纵横交叉成棂格状的车轮纹样，表明车舆周围装有栏杆，车轮内侧是屏蔽层，屏蔽层与车轮铸为一体，形成围蔽车厢的铜板。铜板内外的彩绘纹饰完全不同，说明车厢的屏蔽层原来至少两层，由两层织物覆蔽而成，在车左轱内侧铸造的屏蔽上，局部又有一块四周铸出浮雕宽边、中部彩绘花纹的第三层衣蔽装饰。根据屏蔽物四周的包边、中区表面的菱形纹饰以及平整的外观形态分析，实用马车车轮屏蔽的外层材料应是一整块加装包边的粗纤维织物，也可能是用纤细的彩色竹篾精编的带有图案的细席。屏蔽可以用来防风沙，遮挡灰尘（图2-55、图2-56）。衣蔽有帐裳、帷裳、帷等多种名称，汉代时，通过衣蔽颜色装饰、质地的不同可以区分乘车者的尊卑。一号车车轼表面、二号车厢舆内外均用青铜铸造结合彩绘纹饰的办法，表现器物表层有类似织物的装饰，其纹饰多数与考古资料所见的战国和西汉时期丝织品纹饰相似，说明相关纹饰所摹写的应是车舆结构外面的丝织物衣蔽，看上去雍容华贵（图2-57、图2-58）。

图2-57　二号车车舆上层的纹饰（左）
图2-58　二号车车舆内侧的纹饰（右）

（3）表示器物的材质结构，如囊形铜壶、折巾、飞軨、箭竿、车绥等。一号铜车马上的Ⅱ型铜箭，箭平头无锋，涂白色，原物应是骨镞。骨镞做成的箭，名曰志矢，没有杀伤力，可供日常练习所用（图2-59）。绥是乘车者登车时用来攀缘的索带，一号车的绥装在车轼背面，是两根并列的长条形粗壮铜条，每根铜条由三节连接而成，中间有可活动的节扣，这说明绥的原物应该是用柔软的材质制成的。绥上端与车轼表面铸为一体，并通过塑形表现出绥由车轼衣蔽下穿出的形态，表明绥原来应该系在衣蔽下面的轼木上。两根绥的上段均为单股，铸出粗大的绳结，绳结下分成较细的条带，其中左侧一根的下段分为三股，右侧一根分为两股，各股细带的末端铸成长方铲形，象征飘洒的带尾。两根绥的形态和表面彩绘均有区别。左侧的一根呈圆条状柱体，上段粗壮的单股条体上彩绘十字交叉的条带缠扎纹，下段三股细条上彩绘涡形纹，涡形纹外圈为绿色、中心为红色。右侧的一根呈三股条带合并的状态，上段粗壮的单股条体上的彩

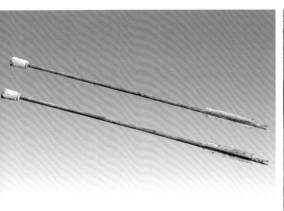

图2-59　一号车上的Ⅱ型矢（左）
图2-60　一号车上的车绥（右）

绘已完全脱落，下段两股细带仅在一面的脊部用朱红色绘窃曲纹与锯齿纹组成的纹样。绥所有铲形带尾的正反两面，均以双勾线的方法，用白、蓝、绿相间绘出线条分明的羽状纹。从绥带的形状、中间的绾结、飘洒的带尾和彩绘纹样可知，左侧一根原物可能是用织物包裹着的彩色绳组，右侧的一根原物可能是用多根皮条编结而成的彩绘组带（图2-60）。

（4）忠于原色。皇帝乘舆的马饰和车器，原本可能就是金银以及青铜材质的，就用铸造材料本来的颜色，不另外施色；乘舆的驾马的毛色、御官俑的皮肤等，都用与实际颜色相符合的单色来装饰。

在青铜器上施彩是秦代的创举。这种工艺不仅使得青铜车马更加华丽、逼真，而且彩绘层掩盖了青铜铸造时难以避免的砂眼和铸造痕迹，客观上也起到了延缓青铜氧化的作用。

铜车马的铸造可称得上无一不精、无一不细，秦代工匠高超的雕塑工艺和施彩技术，不仅让我们看到了秦始皇帝陵铜车马展现的我国古代高超的工艺技术与审美，也让我们能透过铜车马，看到大一统帝国下秦代马车的真实面貌，看到古人制造技术之完美，设计构思之合理、精密和巧妙。

2.求实：巧夺天工的秦代马车

如果说"据形"是指铜车马的呈现状态，那么"求实"就是缘于秦代工匠铸造铜车马的意图，也就是用铜车马来为始皇帝陪葬的目的。秦陵铜车马不仅完美展现了秦始皇帝卤簿中副车的性质、形制和外观，其写实的形象和清晰的结构，也为我们认识和还原秦代单辕马车的构造和驾挽关系，提供了坚实的依据。

另外，考古人员曾于 1978 年夏天对车马坑 3 号耳室进行过试掘，从中发现了两乘木质马车遗迹，遗迹中出土的金、银、青铜车马器与铜车马上的车马器相对应。将木车遗迹出土的品类齐全的车马器与铜车马的车马器进行对照、分析和推理，是判断秦代马车构造及鞁具材质的又一重要途径。同时，考古发现的先秦及秦代马车遗迹、历史文献，尤其是《考工记》中关于马车的记载，也为考证、辨识和还原秦代马车结构提供了丰富资料。

（1）返本归真：车舆结构与车马器具

两乘铜车马都是典型且成熟的单辕双轮车，辕前有衡，衡上系两轭；两车均为四马系驾，两骖马分别在外侧左右，内侧是两服马，四马鞁具齐全，中间两服马负轭，轭内脚连接靷绳，靷绳后端连接在辕和车舆底部轴的交接点，两骖马胸部有靷（骖马靷），末端系在车舆底下的桄上，骖马佐助服马拉动马车前行。两乘车上的轮、轴、辀、衡和舆底的结构基本相同，车舆形制则有显著区别。铜立车舆厢短，围栏低，结构轻巧，御手配备长剑，站姿驾车，车上配备兵器、铜囊形壶、铜折巾、铜索形器，车内装有华丽的高杠铜伞，两輢上安装车耳，舆厢围栏及车轼表层有类似织物的装饰（图 2-61）。铜安车形制特殊，

图2-61　一号车

有前后两舆。主舆前设有御手座位，将御手与车主人隔开，御手从前舆左门登车，配备铜剑，跽坐驾车；主人在后舆，从后边车门上下车，后舆纵向加长，舆厢四面封闭，前、左、右三面有窗，车后侧有门，车顶部有龟甲形车盖，车内空间私密（图2-62至图2-64）。与铜车马相同的前后两舆形态的马车在目前的考古资料中并不多见，也有一些被认为是古代的安车，但形制与二号车明显不同：有的舆上有轵，应属于立乘车，如河南三门峡虢国墓地 M2012CHMK2 车马坑的 15 号车；有的车栏低矮，且舆中有伞盖，如甘肃礼县圆顶山春秋墓 98LDK1 中的 1 号车；有的虽为无轵的坐

图2-62 二号车车厢形制（上）
图2-63 二号车前舆（下左）
图2-64 二号车后舆（下右）

乘车，但车舆却没有屏蔽，也不建盖，如河北中山王墓 2 号车马坑中的 2 号车。
只有河南淮阳马鞍冢二号车马坑出土的 13 号车，舆的形制和结构与二号车极为
相似。

两乘车马材质均为青铜和金银，因此虽出土时破碎严重，但经文物工作者
修复后能还原完整形态，让研究人员可根据铜车马呈现的结构细节，结合其他
考古所见的车舆遗迹和相关信息，大致还原出秦代相同形制马车的基本结构。

第一，还原出古代车舆结构。古代车舆舆底与轴之间垫有伏兔，轴和辕的
相交处垫有勾心，通过伏兔和勾心的设计，舆底可以平稳地落座在轴和辕形成

图2-65　一号车车轼

的十字架上。舆底四轸（舆底四周的边框）和两根纵桄（前轸和后轸之间纵向的长条形器）用木料制作，四轸框架内用间隔的竹片作简单支撑，竹片之上是用皮带编织的富有弹性的舆底。舆底之上立车轸，车轸的主体结构是由木质的立柱和柱顶的横轵构成的围栏。在围栏架构内，用藤条或者竹条编结成方格状的轸网。古代的车除大车舆用有用板材外，乘车的车舆基本都用棂格形的栏杆，秦兵马俑坑出土的战车的车舆也为栏杆式。古人制车的原则是"舆可轻则轻"，因此在车轸内一般不会再嵌立板材，而是饰有不同质地的软性屏蔽。架设在两輢（车左右两侧）之上的车轼，原本是一根由木料经煣曲后做成的门形横梁。车轼是指车前的横木，可供人凭依和扶持等，古人非常重视车轼的装饰，并以纹样的不同区分尊卑，《后汉书·舆服志》记载：皇帝的车"文虎伏轼"，皇太子、诸侯王的车"倚虎伏鹿"，公、列侯的车"倚鹿伏熊"。秦陵一号铜车马的车轼上未见虎、鹿、熊等动物纹样，但却呈现为布满精美纹饰的样子，表现的是车轼被衣蔽装饰层包裹着的状态，表明车主的尊贵（图2-65）。

　　第二，还原古代车盖形制。两乘铜车马的车盖都异常华美。一号车车盖结构与今天的雨伞近似，主要区别是铜车马伞弓下没有斜撑，伞面也不能收束。除银质盖

图2-66   一号车伞盖盖衣

弓帽外，伞盖的其他结构均用青铜铸造。盖面是一面圆拱形的大铜片，中部平直，外周向下弯成弧形。二号车是安车，车盖呈中部隆起、四周坡面的拱顶状椭圆形，盖下无立柱，直接覆盖在主舆车厢的顶部。

立车的车盖作伞形，故俗称伞盖，是古代车盖的常规形制。由盖衣、盖斗、盖弓、弓蚤（盖弓帽）、盖杠、盖杠箍构成。盖衣，即车盖的伞布，盖衣的质地、颜色和纹饰，通常也是车主人身份的象征。一号车伞盖的盖衣内侧彩绘绚丽的变相夔龙、夔凤纹，外侧周边也有装饰纹样，根据其纹样，其名称应为华盖。汉代非常重视盖衣的颜色、质地、纹饰，并用来区分等级高低和尊卑，《后汉书·舆服志》记载：皇帝的乘舆"羽盖华蚤"（蚤指的是盖弓的末端，套在盖弓末端的铜制盖弓帽称为金蚤，盖弓帽末端呈花朵状者为华蚤），皇太子、皇子的安车"青盖，金华蚤"。这是汉代车盖的情况，秦代车盖的资料较为少见。古代车盖的盖衣大多用麻布或者锦帛制作，考虑到盖的用途为遮阳挡雨，盖衣的表面一般都做髹漆处理，并局部施绘纹饰。秦陵铜车的铜盖衣纹饰华美，其原物应是丝质的织锦（图2-66）。

　　盖斗呈蘑菇形，周边有 22 个卯用来插接盖弓，与盖弓一起撑托盖衣。盖斗下方的短颈，用途是与盖杠插接。盖弓为圆棍状，盖弓的末端还安装着身上有刺状倒钩的银质盖弓帽，盖弓帽与盖弓的插接口处有一钉孔，插入盖弓后用钉将两者固定。装上盖衣后，盖衣边缘被盖弓帽上的倒钩紧紧地钩住，从而可以平整、牢固地紧绷在穹顶形的盖弓上，不易被风张起吹落（图 2-67、图 2-68）。

　　盖杠，相当于今天的伞柄。考古所见的盖杠，绝大多数由两节木杠加上盖斗共三节组成，三节之间的两个连接处都装有铜质的杠箍，杠箍通常是外表有凸弦纹的短管，高等级马车的杠箍表面或装饰有精美的错金银纹，或镶嵌各色宝石。在用铜杠箍固定的基础上，又用皮条对杠的接茬两端做捆绑牵拉，以防止盖杠从接口处拔脱。在与铜车马同坑出土的木车上，也见到一对与铜盖杠上纹饰相同的错金银铜杠箍，两相对照，能够让我们更清楚地认识秦代马车的盖杠结构。

　　伞盖不仅是车上遮阳挡雨的部件，更是显示主人身份和凸显尊贵的礼仪用器。有盖立车需要根据车的用途、使用场合及天气情况装卸车盖，如狩猎、祭祀、出席重大活动（出席有些活动时须由侍从人员举着伞盖随主人步行）或大风天气车盖无法立起时，都需要将车盖从车上移除或临时拆卸。因此，立车伞盖的多数部件都被设计成装配稳固、拆卸方便的结构（图 2-69 至图 2-71），且拆卸后的伞盖部件长度不能大于车的宽度，要求能够装载在车上。

　　铜车马立车上的伞盖是用一架盖座支撑固定的，盖座用青铜铸造，由上下两部分组成。下部为底座，是固定和稳定支撑盖杠的基础；上部为座柱，与底座铸接成一体，起撑扶和夹持盖杠的作用。盖座上下设有两道锁固装置，方便伞盖盖杠和盖座的固定和拆卸，机关设计巧妙，制作工艺高超（图 2-72、图 2-73）。实用盖座的材质为木质，其大小为在青铜盖座形体的基础上等比放大一倍。

　　二号车车盖呈龟甲形，覆盖在车舆上，把前后两舆全部覆盖于车盖之下。盖衣内侧铺满彩绘纹样，盖衣下有鱼脊骨状的骨架，骨架上也有彩绘纹样，盖弓末端有银质盖弓帽。盖衣内侧彩绘纹样，实用器上应是丝织物，显示了车盖的华丽高贵。

图2-67 　串联伞弓的绳条（上左）

图2-68 　车盖边缘的盖弓帽（上右）

图2-69 　盖杠与樘柱上端锁扣的装配关系（下左）

图2-70 　樘柱上端的扣锁（锁闭）（下中）

图2-71 　樘柱上端的扣锁（开启）（下右）

图2-72　盖座（左）

图2-73　盖杠下端U形带环与盖座的固定关系（右）

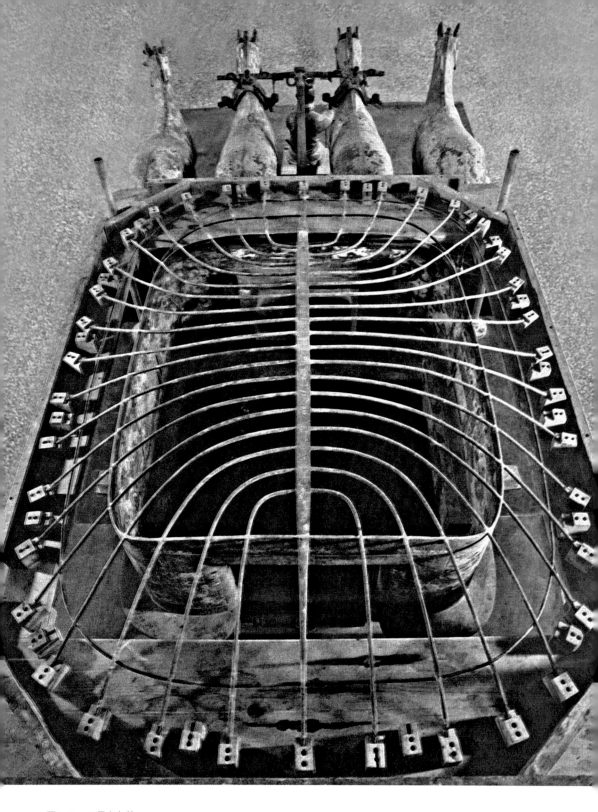

图2-74　二号车车盖

龟甲形的车盖文献上虽有记载，但因未见到实物例证，具体结构不明。二号车龟甲形盖的发现，填补了这一空白（图2-74）。

第三，还原古代车具、马具。铜车马的出土，为我们还原了古代车马车具、马具装载和使用方式，包括挽具、控御马车的鞍具、马身上的装饰件、停车止车的器具、配备的兵器和其他杂件。例如，立车上有铜弩，有承弩的弩輗，有盛箭的箭箙、笼箙，有铜盾与盾箙，有铜策，有铜囊形壶、折巾、索形器，有止车的铜轫和车撑等，虽有一些器物用途还不明确，但仍为古代车马文化的研究提供了借鉴。

在两乘秦陵铜车马上，共发现了3根保存完整的铜质马策。铜车马上的策仿竹棍制作，策身铸成6道竹节，竹节上下用白线条勾勒出弦纹和流云纹，显示出竹子的特征。3根铜策中，有2根铜策的顶端装有尖刺，另外1根铜策顶端则是无刺的齐头（图2-75）。这一现象表明，秦时赶车驱马的策有顶端装刺型和顶部无刺型两种，有刺的策用于刺马，无刺的策用来抽打。《周礼·考工记》载"軓前十尺而策半之"，两乘铜车马配备的策按比例复原后，尺寸均比《考工记》记载的标准略长。策是古代用于赶车驱马的工具，我们现在常用的"鞭策"一词就是由此引申而来。两周秦汉时期的马策一般用竹棍制成，这从"策"字的写法就能够看得出来。由于竹质的马策很难留存下来，因此，我们今天已无法看到当时的马策实物。

清理铜车马堆积层时，工作人员在两车的马头下方共发现8件断掉的短铜带。带的一端系一小银环，另一端续接一根带球结的链条。根据马络额带上出现的小铜钩和短铜带掉落的位置，以及马面部留存的绿锈痕迹分析，8件繁缨中位置不明的4件应该挂在马的额头上，这种带小银环的短带当是缀挂繁缨的连接绳（图2-76）。

在一、二号铜车马的车轮附近各出土两件近似口字形的铜方框，每个车轮一件，秦始皇帝陵一、二号兵马俑坑出土车迹的附近，也发现有和上述铜方框形状类同的木质方框，可见它与车轮有关，应当是止车的工具，古名为轫。如果车要启动，首先要把轫去掉，车轮才能转动，因此车开始起行称为发轫。《说文解字》《后汉书》等文献中都有关于轫的记载，但其具体形象是什么，学界一直较为模糊，铜车马轫

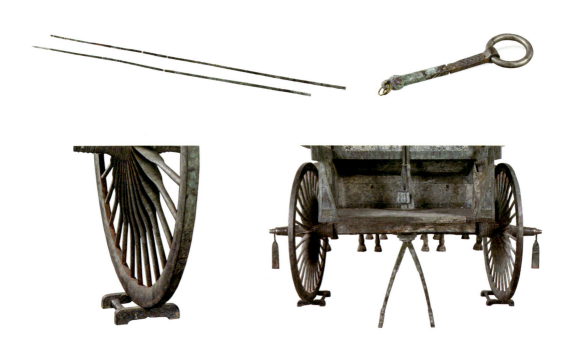

图2-75　铜策（上左）
图2-76　带银质小环的短铜带（上右）
图2-77　一号车轮底的軔（下左）
图2-78　支在车下方的撑（下右）

的发现使人们对于軔有了具体形象的认知（图2-77、图2-78）。

第四，还原古代车具、马具的结构与制作方式。铜车马不仅还原了古代车上的车具与马具，还让我们清楚地了解古代马具的结构与制作方式。

马络，也称马笼头，古名叫勒，是用来羁马、控马的重要鞁具，主要由勒带、当卢、节约、衔、镳、橛等构成。实物勒带通常用皮条编结，上面系着或穿着海贝、铜管、石管等装饰。铜车马上的勒带是用许多短小的、外面包裹着金管或银管的铜节连接而成，包裹在金银管中的铜条象征编结络头的柔软皮条，外面的金银管起装饰作用。马额处的金当卢和勒带交接处的金泡与银泡，正面用精美的纹饰作为装饰，背面则用青铜铸出交叉的勒带和鼻钮，呈现出马勒"节约"的形制和状态。节约是安装在多根勒带交接处的联结扣，用于节制并约束勒带的联结关系（图2-79至图2-83）。现在我们在生活中也运用"节约"这个词语，但今天所说的"节约"引申为节省、节俭、俭约的意思。

从文献可知，不带衔和橛的马勒，叫络头；有衔和橛的，叫勒。衔、橛、镳都是位于马口中用来控马的鞍具。衔由两节两端带环的铜杆连接而成，贯穿马口，两端的环与马口两侧的镳套接，同时两环上分别系着一根控马的辔绳。衔和镳是控马的重要器具，御手拽动辔绳，辔绳另一端的衔会勒马口，衔两端圆环里套着的镳会卡着马脸，从而控制马服从御手的指挥。考古所见的衔的实物绝大部分是铜质的。从商周到秦汉，衔的形制变化很小。镳是指贯穿衔两端圆环的弧形马具，材质多为青铜，也有用角、木制作的。由于辔绳系结在马嘴旁的衔环上，而衔环上还贯插着镳，只要御手牵拉手中的辔绳，马嘴两侧的镳会自然扬起，我们熟悉的"分道扬镳"这个成语就是由此而来。虽然"分道扬镳"的故事发生得较晚，但这句成语带给人们的分道时牵动辔绳而使马镳扬起的动态画面，却是对古代马车驾驭中辔、镳联动态势长期以来的生动写照。衔在实用功能之外，还以其质地和纹饰的不同表示尊卑，很受人们重视（图2-84）。

镝衔是马衔的一种，两乘铜车马上各配备2件，出土时分别放置在车舆内。镝衔的铜球上满布短刺，用以迫使烈马服从指挥。两辆车前的马匹所佩之勒装配齐全，放在舆内的两件镝衔可能是备用件。在铜车马左右骖马的口中，除铜衔外，还各有一根铜橛，它呈圆棒形，中间粗两头细，上面布满细刺，横贯于马口中，外侧一端套装一枚圆形钮鼻，钮鼻用来穿骖马的外辔。橛朝内一端有一根横扁条贯穿，与橛形成十字形，横扁条卡在勒带和镳外侧，防止橛被从外侧拔掉。根据铜车马骖马口中橛的粗细和形状，结合秦兵马俑坑出土的橛实物分析，橛的原本材质应是木质。骖马在转向时要担当带头作用，所以橛是控驭骖马转向的重要器具。在内侧的马口

图2-79 二号车左服马马勒（上左）

图2-80 二号车右服马当卢（上中）

图2-81 当卢与勒带的结构（上右）

图2-82 金泡形节约（下左）

图2-83 节约与勒带的结构（下右）

图2-84　马衔、镳（一号车）

与镳之间，还装配有一件带流云纹图案的圆形垫片，垫片中心有一个直径 2 厘米的圆孔，圆孔内侧另外有一个直径 1 厘米的小孔，两孔相距 0.7 厘米，橛从中间大孔穿过，小孔内穿衔，通过垫片，橛与衔一内一外横放在马口中（图 2-85 至图 2-88）。

铜车马的马勒用金、银、铜三种材料制作。一套马勒的零构件多达 200 件，制作工序繁复，加工难度很大。勒带由外包金、银扁管的短铜节以子母口对接联合销钉插接的方式连接而成。金、银管与内部的铜条结合紧密，节与节之间严密合缝。铜车马的金银络头为我们呈现了一套完整的马具实物，它不仅形制合理，结构完善，制作精致，而且装饰华丽美观，并以最具表征意义的金银材质，显示出车主人至高无上的身份和地位。

第五，还原轮轴结构。轮和轴是马车核心部件，铜车马轮轴系统由一轴、两轮和防止车轮脱落的軎、辖及轴头的装饰飞軨组成。铜车马的轴为长圆柱体，横置在舆下，中段笔直，两头自内向外逐渐收杀变细，贯穿车轮和车毂，延伸到车厢外（图 2-89、图 2-90）。

车轮由毂、辐、牙构成。毂，是车轮中间穿轴纳辐的核心部件，整体呈壶形，外侧鼓起的腹部装辐条。中部为空腔，这样既能减少毂穿与轴的摩擦面积，又能存储润滑毂轴的油脂，使车轮保持灵活运转。古代的车毂为木制，木头的干燥会造成轮毂裂缝，行车时的颠簸和歪斜也容易导致轮毂开裂。西周时期，大多在轮毂外面安装青铜管箍进行加固；春秋时期，人们开始用间隔多次涂漆胶和牛筋缠扎的方法来加固车毂，再经过打磨，毂身上会呈现出一道道凸起的弦棱，这种处理车毂的做法古代称为"约軝"或"约毂"。为了美观，工匠还在"约毂"的棱带上彩绘精美的纹饰。彩绘车毂被称为"篆毂"。秦陵铜车的轮毂上铸有多道凸起的弦纹，并绘有几何纹饰，这应当是对实物车轮中"约毂"和"篆毂"的真实描摹。另外，古人又在毂穿的两端或只在内端安装铜釭，作为毂穿内部的强固件，以增强其耐磨性（图 2-91、图 2-92）。

图2-85 镳衔（上左）
图2-86 橛（上右）
图2-87 圆形垫片（中左）
图2-88 马勒和橛、垫片的组合关系（中右）
图2-89 一号车车轴的全貌（下左）
图2-90 轴与车轮的固定（下右）

图2-91　装在车毂上的轮（左）
图2-92　轮毂轵端特写（右）

　　辐类似现代车的辐条，一、二号车每个车轮有30根辐，靠近毂的一端扁平，靠近牙的一端呈圆柱形。车轮讲究凿（容纳辐条的孔）正、辐直、牙平。辐条内端薄而宽，薄是为了适应毂围，增加宽度则能提高抗折强度。辐条外端为柱体，既能适应轮牙厚度，又保障了辐条的支撑强度。辐条在牙毂之间的这种精妙设计，反映了古人对结构力学的高度认知。

　　车轮的外周称为牙，古代木制车的轮牙一般用3—4段煣曲的木板拼接而成。车的轮牙外观浑圆而且偏薄，既可减少车轮与地面的摩擦阻力，让车行走更轻快，

图2-93　軎、辖、飞軨与车轮的组合（左）
图2-94　軎（中）
图2-95　辖（右）

也不易沾泥带土，适应平原和雨天泥地行车。

　　古代马车行车是以轮轴滚动为基础，为了保证行车时转动的车轮不至于从轴上脱离，就必须在车毂外端的轴头上安装一组阻止轮毂脱落的防护装置，这组装置被称为軎和辖。軎的基本形制为筒形金属管，接近毂的一端管壁上下对应开孔，用以插辖。辖是一根顶端带首的条形键体，键体末端钻孔，用于穿绳打结，防止行车时軎和辖因车轴的颠动而脱落。我们经常说的"管制""辖制""辖区"等词语，都含有軎和辖的意思，是两字本义的延伸。軎、辖通常用青铜铸造，但秦陵铜车和同一陪葬坑出土的木质马车上的軎、辖均为纯银制作，可能与彰显马车的尊贵有关。在两乘铜车银軎下方的钮鼻形小环上，都用绳悬挂着一件由三层相叠的铜叶片制成的飞軨，实物飞軨则用丝帛制作（图2-93至图2-95）。

（2）六辔在手：车马驾挽与操控

两乘铜车马都是单辕双轮，四马驾车，中间两匹为服马，外侧两匹为骖马，两服马齐首，通过辕、衡、轭、靷控车，两骖马用靷绳拉车，骖马与服马通过缰绳相连，御手通过手中的辔绳和策指挥马匹。御手、四马和鞍具的巧妙结合，实现马车的平稳、安全、灵活前行。

第一，"两服齐首"，指的是辕、衡、轭、靷与服马的驾挽方式。

秦代的马车为单辕（古名辀），单辕车至少驾两马，双辕车用一马即可，且更容易掌握平衡和稳定。到西汉晚期，随着新兴地主阶级势力的发展和乘车之风的普及，单辕车逐渐被双辕车取代。单辕车由两匹服马驾辕控车，辕、衡、轭、靷架构是服马驾车挽车的核心部件。辕是马车的脊梁，用一根粗壮的木头制成，后段承载车舆（厢），前段呈弧形上扬，在接近前端处缚结着一根横向棍棒，名字叫衡，衡与辕交叉作十字形。在衡的两侧，各缚绑着一个呈人字形的轭，轭驾在两匹驾辕服马的颈肩处，辕、衡、轭三者之间均用皮条缚扎绑定，紧固的同时仍可适度转动，通过辕、衡、轭，车舆与马连接为一个整体（图2-96、图2-97），马轭内侧与车轴之间连接一根靷绳，是马挽车前进的牵引绳。两匹服马主要以轭、衡、辕这组核心结构驾辕挽车，车辕是驾车挽车的大梁，靷绳是车辕的协助者。服马的靷绳分两段，以立车服马的靷绳为例，前段为宽度相等的两层铜条叠合而成，生活中的原物应是由一整根皮条对折做成，绑结在两匹服马内侧的轭脚上，然后顺辕而下，在辕的中段用束带将靷绳绑在辕上面，然后靷绳继续顺着辕面平行向后。在车辕和车厢前部的交会处有一个套在辕上的粗绳环，粗绳环是前后段靷绳的转接件。从马轭引过来的两条靷绳的末端套接在粗绳环上，以粗绳环为转接，服马靷绳的后段由两根合为一根。过去人们认为中间驾辕的服马没有靷绳，两边拉车的骖马有双靷绳。秦陵铜车马出土后纠正了这一错误认识，以清晰的形象让人们了解了服马和骖马靷绳的特殊结构。服马、骖马均为单靷，由于服马驾辕而骖马不驾辕，所以它们拉车的方式不同（图2-98、图2-99）。秦

图2-96　辕与舆底的连接（上左）
图2-97　辕与衡、轭与衡的连接图（上右）
图2-98　服马鞦和骖马鞦的连接关系示意（下左）
图2-99　服马鞦与轭的连接及舆前段的引拉关系（下右）

陵铜车的辕、衡、轭、鞦虽为青铜铸造，但却将相互间的连接关系、固定方式，包括缚扎皮条的缠绕方法都表现得十分清晰。

　　第二，"两骖雁行"，指的是骖马的挽车方式。

　　骖马不驾辕，只用靷绳拉车。骖马的靷绳又名靳。两匹骖马各有一条靷绳，两条靷绳的形制、结构相同。靷绳前段呈套环状，斜挎在骖马胸部，骖马通过靷绳拽车时用单肩和前胸用力，解决了之前骖马用轭靷挽车时，马轭容易松弛移位和轭軥勒马颈的弊端（图 2-100）。为了使套环不会在靷绳松弛时移位，两骖马的腰腹部各束有一条腰带压在靷绳上（图 2-101）。靷绳后段是与前部套环相连的一根长长的带子，由骖马的内侧向后延伸，到达车厢底部并最终系在车厢底部接近后轸的纵桄上。另外，在骖马的颈部还套着一根缰索，缰索的另一端系在服马轭与衡的交叉处。缰索的作用是防止骖马外逸，将骖马与服马的距离控制在一定范围内（图 2-102、图 2-103）。

　　整体来说，两服马的靷绳系在车轴中部，两骖马的靷绳分别系在车厢底部后侧左右两端，三个受力点呈等腰三角形，这样一来，车轮和车厢两个相对独立的部分均被靷绳牵引，而且两轮及车厢受力均衡。综合观察服马和骖马靷绳的使用和连接关系，让我们看到了古人在设计马车时，对马车结构与力学运用的考虑是相当的科学和缜密的。

　　第三，"鞹以制衡"，指的是鞹与刹车和控车。

　　早期单辕马车没有轮刹装置，如何使车减速、刹车和转向，是马车驾驭中十分重要的问题。秦陵铜车马两匹服马前腿的后面都有一条 U 字形带，U 字形带的名字叫鞹，就是用来刹车和转向的重要鞍具。

　　铜车马上的鞹虽然为青铜制作，但从铜车马的写实风格和铜鞹的铸造特征分析，鞹的实物应当是皮带。U 形鞹带的两头系在衡上，环形的带体卡在马前腿后两腋下，从而使服马与衡形成一个整体，促成服马身体与衡、辕之间的联动（图 2-104、图 2-105）。当马车遇到下坡而加速向前冲时，匀速行进的服马只需用身体的重力通过鞹拖住车衡，便能使车子保持正常速度。如果行进途中需要停车，服马听到御手口令后先停住脚步，紧接着做出四蹄蹬地动作，卡在服

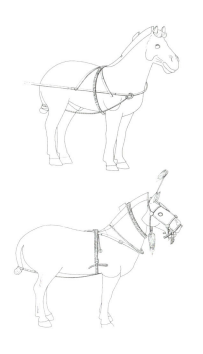

图2-100　骖马鞦的结构示意（上）

图2-101　骖马鞶带（中）

图2-102　骖马鞦套环和鞶带的装配关系示意（下左）

图2-103　骖马鞦在舆下的连接方法（下右）

图2-104　鞁带与服马的套连关系（侧视）（上左）

图2-105　鞁带的形状及与衡的连接（上右）

图2-106　锥头伸向骖马的胁驱（下左）

图2-107　胁驱特写及与鞁带的缚结方式（下右）

马两腋的鞗带就会紧紧地拉住因惯性而前冲的车衡，马车即刻就能被刹停。两服马鞗带外侧还挂装着用皮条绑好的胁驱，胁驱状如一只展翅翘尾的飞鸟，向外伸出三齿形尖刺，当骖马过分向服马靠近时，胁驱的尖刺会刺痛骖马，迫使其向外移动，与服马保持适当距离。实用马车的胁驱用木棒制作，头部的尖刺为骨质。胁驱和缰绳具有促使四匹马服从命令、一致行动的功能（图 2-106、图 2-107）。

　　看似结构简单的鞗带，却是古代单辕马车中极其重要的驾挽鞍具。有了鞗带，马车才能做到刹车转向和安全行驶。铜车马的鞗带，为我们解开了古代车马如何刹车这一谜题，充分显现出保存完整、关系明确的鞍具对古代马车研究的巨大贡献。

　　第四，"六辔在手"，指的是四马八辔的连接与操控。

　　通过与辕、衡、轭、靷的连接，马可以拉动车舆平稳行驶，但马的行动却由御手手中的辔绳来调节和控制。辔绳是调控和指挥马匹、使驾马服从命令的鞍具，用皮条制作。每匹马的马勒上系有两根辔绳，四匹马驾挽的车共有八根辔绳。铜车马的辔绳用青铜模仿皮条制作而成，辔绳前段为圆柱体，可以减少与马体的摩擦，后段为扁长条形带，辔绳的前端分别系在马口左右两侧的衔环上：服马辔绳先向上穿过车衡上的毂环，再向后延伸到御手手中；骖马辔绳则由马口两侧向后延伸，分别穿过骖马身体左右两侧靷绳上的吊辔游环，再延伸到御手手中。《诗经·小戎》记载"四牡孔阜，六辔在手"，由于四马单辕车早在西汉时期就已退出历史舞台，因此上千年来人们一直对四马八辔却为何只有六辔在手的问题争论不休，铜车马的出土，使得这一争议迎刃而解。从铜车马装配完好的辔绳可知，两匹服马的内辔并不在御官手中握持，而是插接在车轼下方的"觼"环上，其余六根辔绳的末端握在御手的手中，御手左手握右骖马内辔、左服马外辔和左骖马外辔，右手握右骖马外辔、右服马外辔和左骖马内辔（图 2-108 至图 2-111）。

　　御手驾车时通过手里的辔绳操控马匹，实现左转、右转和控制车速疾缓的目的。辔绳前端系在马的衔、镳上，御手牵拉辔绳，马口中的衔和马嘴外侧的镳便会随着辔绳联动，铜衔会勒马嘴，衔端的镳会卡马脸，从而达到控御马匹的目的。如需指

图2-108　六辔在手（一号车）（上左）

图2-109　服马内辔与觼的连接方式（上右）

图2-110　穿过衡上軥环的服马辔绳（下左）

图2-111　驾车的四马与八辔（下右）

挥马转向，御手可根据要转的方向牵动手中的辔绳，向左转时牵左手，向右转时牵右手。如需减速慢行或停车，就需要提前将挂在𫐄軨上的服马内辔也牵在手里一起拉动。御手借助辔绳的控驭，使人、马结合，马服从人的指挥。由于辔绳系在马嘴旁的衔环上，衔环上还贯插着镳，御手牵拉辔绳，马嘴两侧的镳会自然扬起。

（四）攻坚克难：秦陵铜车马的修复

两乘铜车马均由4匹马、1名御手和100多件（组）零部件组装而成，每组部件或每件鞁具又由几个到上百个小构件连接、组合形成，每乘车马的零构件总数达3000余件。车、马、御手及大部分部件的表面都施有彩绘纹饰，或涂有颜色。出土时，一号车破碎为1325片，有断口2069个，破洞437处；二号车破碎为1685片，有断口2244个，破洞316处。而且其中的大部分残件都有不同程度的变形，所有连接处的关节和销锁部位都已锈死，一些器壁很薄或器形细小的部件锈蚀严重。结构如此复杂、破碎如此严重且表面遍布彩绘纹饰的青铜器，在世界考古史上尚属首见，如何成功修复，对文物修复人员来说是个巨大的难题。其中，如何保证修复后铜车马承重结构体的抗压抗折能力，如何确定铜车马构件的粘接加固方式、粘接技术和焊接工艺，如何避免焊接过程中高温对彩绘的伤害，如何对青铜碎片进行合理矫形等问题，都是修复过程中必须攻克的技术难点。

从1981年开始，陕西省文物局、秦始皇兵马俑博物馆和秦俑考古队便组织专家和相关人员，围绕修复方案和具体的修复方法的制定，进行了长达一年的前期准备工作。首先是广泛的调研和相关技术资料的收集。调研组人员先后走访了国内数十家考古机构、大型博物馆、科研院所、大专院校和技术力量集中的工厂，与各方专家和技术人员进行座谈，向他们请教技术问题，并一起研讨修复方法。其次是针对修复技术的策划和对彩绘的保护，粘接剂、焊接材料和焊接工具的选择，矫形方法和矫形工具的设计，做旧材料和做旧技法的运用等实际问题，开展了充分的研究、测试、实验和论证。1982 年 4 月，经过多次讨论和修改的铜车马修复方案和实施细则获得专家论证会的认可，并通过国家文物局的审核。方案对铜车马修复的原则、标准和技术提出了明确要求。修复原则是，必须用科学的方法将破碎的铜车马恢复到历史原貌；修复的方法是，以粘接为主，焊接为辅，综合治理；提出的要求是，修复过程中要注意保护好铜车马表面的彩绘，选用的粘接剂不得对文物造成伤害，尽量不在器物的外部增加支撑物；修复的标准是，修复后的铜车马必须达到可以长期陈列的强度，不会因为自重、必要的移动和轻微的震动而发生破碎。方案还要求，结合修复工作，对铜车马的冶金及铸造技术、制作工艺、彩绘成分和技法等问题进行深入研究。1982 年 4 月，省文物局组织秦俑博物馆的考古队人员和外聘的冶金铸造、焊接粘接等方面的专家及高级钳工、焊工、模具工等技术人员组成铜车马修复小组。工作初期，修复小组的任务首先是了解文物清理情况，与清理组的考古人员一起对清理出的铜车马碎片进行拼对，从而熟悉铜车马各部件原来的位置和相互间的连接结构，为接下来的修复工作奠定基础。

经过修复小组和科研人员的潜心研究和科学测试，最终确定了以粘接为主、焊接为辅的修复原则，选择销钉插接结合环氧树脂粘接作为主要粘接工艺，以银质钎料和中高温钎焊作为主要焊接工艺。

1.矫形

铜车马的车体结构和大部分构件呈薄片状，受重压后，破碎的残片大部分都出现了不同程度的变形，修复时必须先对变形的残片进行矫形处理。铜车马为青铜铸造，青铜本身缺乏韧性，加之长时间的地下埋藏，铜质的成分不同程度氧化，材质更加脆弱，机械矫形比较困难。另外，铜车马表面有大面积的彩绘涂层，彩绘涂层由矿物颜料加入动物胶调制而成，历经 2200 多年的侵蚀，其中的粘接成分已经老化，彩绘层在青铜表面的附着力变得很差。这些因素进一步加大了铜车马构件矫形的难度。

如果按照传统对变形青铜器的修复办法，对变形严重的弯折部位进行切割，整理断面和切口后重新进行连接修正，不仅对器物表面的彩绘和铸造纹饰保护不利，还会对本来已经严重破碎的铜车马造成新的伤害。经过对铜车马弯折残片的仔细整理和分析，结合其现状特点，根据青铜碎片的特性，修复人员设计制作了加压稳定、方便操作的手动矫形机床，同时还设计加工了一系列型号不同的专用卡具，用于矫形整理时的衬垫和固定，这样不但能很好地控制施压的强度和下压的尺寸，还能使压强长时间保持稳定状态。

2.粘接

铜车马修复遵循以粘接为主的基本原则。长期以来，青铜文物的修复主要采用粘接和焊接两种连接方法。与焊接相比，粘接时粘接剂固化所需要的温度较低，不会损害青铜构件表面的彩绘，粘接剂对金属的腐蚀性较小且方便操作，特别是对处于夹缝部位的断茬，采用粘接比较容易着手。当然，粘接也有缺点，粘接剂普遍存在衰败期，高强度粘接的持久性有一定期限。

根据铜车马的材质和陈列的要求，选择粘接剂时首先考虑材料是否会对文物造成危害，其次是材料的抗拉强度和耐老化性能。经过反复试验，修复人员选用了铜质文物修复中常用的环氧树脂系胶结剂为主要材料，并在双酚 A 型环氧树脂中加入适量线型脂肪族柔性环氧树脂，提高材料的韧性和粘接强度。同时以主体固化剂芳香胺、增韧固化剂聚酰胺和固化促进剂苯酚组成复合固化剂。另外，在粘接时添加适量硅酸铝，可以减小粘接剂与被粘接体之间热膨胀系数的差别，调节粘接剂固化时的收缩应力。

粘接时，结合铜车马碎片和断茬的特点，以及铜车马不同部件的形状和受力特点，文物修复人员选择销钉插接结合环氧树脂粘接作为主要粘接工艺。

铜车马的部分大型部件铸造时使用了内范，部件断裂后，内范露出。从断口掏出内范，部件的断茬便形成筒管状。这种因铸造而形成的筒管，修复时正好可以用作插入连接强固件的管孔。做法是将铜板卷成一根外径和形状与管孔近似的套筒，在套筒表面和部件的断口涂上粘接剂后，将套筒的两端插入接口两侧的管孔，使断裂的部件对接、黏合。这种利用器物固有的壁管所做的套接式强固粘接法，具有连接强度高、承受力强、操作方便、不影响外观等优点。采用这一修复方法的部件有车轴、辀、舆底、马腿等。

3.焊接

焊接是修复青铜材质文物的重要连接方法之一。与粘接相比，焊接的器物接缝连接的综合机械性能，尤其是抗弯折能力明显更强。对铜车马中面积大、器壁薄、破碎严重的部件（如车盖），或是碎片小又薄的部件（如辔、缰等鞍具的连接关节处），以及受力大、受力点集中、主要受力形式为弯折力的部件，因碎片不具备加装销钉粘接的条件，或因粘接方法不能提供足够的抗折强度，有必要采用焊接的方式进行修复。

为保证修复时对文物的损伤降到最低，且修复后可以长期保持文物状态并加以利用，修复人员反复选择、对比、实验，最终选择了以电烙铁为热源的低温焊接和以氧乙炔火焰喷枪为热源的中高温焊接相结合的方式。低温焊接使用锡铅为焊料，在锡铅中加入适量的铜和镉，形成四元合金的钎料，焊接时焊缝的抗拉强度较常规的锡铅钎料有明显提高；高温焊接则选用银钎料焊料，多使用在受力强度高、受力点集中、表面彩绘较少的部位。

　　根据部件的受力强度，低温焊接分为点焊式或连续焊式两种方式，点焊一般用在受力不大的部件上，可以使焊接对文物的损伤降到最低，同时最大限度地保留文物的原始断茬，使修复具有可逆性；连续焊则用于车上彩绘保存较好但强度要求较高，或残片较多、粘接和点焊又无法适应要求的部位，如二号车的盖面。

4.机械连接及辅助加固

　　机械连接及加固指在文物本体之外采用辅助材料对断裂的构件进行的连接和加固，是文物修复特别是残破严重的青铜器修复中不可或缺的连接工艺。虽然铜车马修复方案要求尽量不在器物本体外增加支撑物，但由于铜车马结构的特殊性，修复人员经过讨论和实践验证后，决定将机械连接及加固工艺作为铜车马修复的方法之一，以确保修复质量和结构的长期稳定。机械连接及加固工艺的设计以不影响文物的外观原貌为前提，辅助加固件必须用在隐蔽处或者文物本身的管状体腔内，必须是作为受力构件的支撑或是主要的承重结构。如在修复二号车的车轴、车耳、服马靷、马腿等处时，都把机械连接及加固件作为主要的承重结构。此外，对有些破碎较严重的部位、器壁很薄且抗折强度要求较高的部位，还采用了辅助加强连接法。即根据器物破裂部位的受力情况，将不锈钢板或铜板加工成与修复部位形状相同的弯角、扁条、槽形加固件等，用粘接并配合螺丝固定的方式粘贴在相对隐蔽的位置，然后通过做旧的办法对加固件的痕迹进行掩盖。加固件同样不影响文物的外观，如二号车舆内前方的轼下，舆外四角的轓下，辕与轴相交处，御官俑的剑带、服马靷等。

5.做旧

　　文物修复是否完成，有两个判定标准：一个是能否作为收藏、研究的标本；另一个是能否陈列展出。要作为标本，将器物残片拼接完整便可达到要求，但如果需要展出，还需要在拼接完整的基础上，对器物拼接、修补的痕迹进行修饰和复原，使器物的外观形象及色调在整体上和谐统一、雅致美观，达到陈列、观赏的要求，满足观众的审美情趣。这种对拼接、修补痕迹进行的修饰和复原就称为做旧。

做旧是文物修复工作的最后工序，做旧材料的选用和做旧工艺的精致程度，同样是决定修复工艺优劣的重要因素。铜车马表面的颜色分两类，一类是人工彩绘，一类是青铜的锈色，人工彩绘的成分均为各种矿物质颜料。因此，选择做旧颜料时，自然选用了与铜车马彩绘成分相同的矿物颜料，对黏合材料同样选择了与铜车马彩绘黏合成分一致的天然漆片（生漆），调制剂为 95% 浓度的酒精，石粉、漆片加入酒精调和而成的膏泥作为修补缝隙的填补料，聚醋酸乙烯乳胶溶剂为涂层保护剂。做旧材料的选择均以无腐蚀性、不会对文物造成损害为前提。

做旧时先用膏泥填补器物修复的接缝，晾干后用小刀修平，并用细砂磨光，然后用毛笔蘸取 10% 的聚醋酸乙烯乳胶溶剂涂敷表面，胶层结膜后，用毛笔或脱脂棉球蘸取事先调好的色剂，依次轻点接缝表面，形成与周围色彩相适应的均匀斑点或斑片。也可用竹签拨动刷毛，将色点弹到接缝附近，制造出细密的斑点。铜车马色彩丰富，每一条接缝的色调也多有变化，必须随时调整色剂和着色手法。

第一层着色干燥后，再敷第二层，第二层的颜色依据周围的彩绘层次或锈色而定，操作手法相同。第二层着色干燥后，观察接缝处的颜色与周围是否一致，如果有色差，调整色剂后重新拓敷一层。着色满意后，用毛刷蘸取 5% 的聚醋酸乙烯乳胶溶剂涂敷着色层表面，以保护做旧的着色不致脱落。

通过文物工作者的不懈努力，各种技术难题被逐一攻克，两乘铜车马修复圆满完成（图 2-112、图 2-113 ）。1995 年 11 月，国家文物局授予秦陵一号铜车马修复项目"国家文物局科学技术进步奖"二等奖；1997 年 12 月，国家科学技术委员会授予秦陵一号铜车马修复技术项目"国家科学技术进步奖"二等奖。

图2-112　铜车马的修复过程（1）（左）
图2-113　铜车马的修复过程（2）（右）

（五）回归秦朝：动手的快乐

　　秦陵铜车马据形求实，结构复杂，是秦代高等级马车的真实写照，蕴含着丰富的科学信息，可以说，秦陵铜车马是秦代的一件"高科技产品"。在"回归秦朝：动手的快乐"展区，我们利用数字多媒体技术与实物模型，设置了"六辔在手""驾驭马车""古代马车盖杠与盖杠箍的安装""拼对修复车盖""车轮、车轴、軎辖的组装"等板块，通过趣味性的互动活动，让观众亲自动手操作，充分了解铜车马的结构与驾挽，获取古代车马文化的相关知识，实现展览内容的拓展和延伸。

二、展览空间

秦陵铜车马体型庞大，结构复杂，但就陈列而言，两乘铜车马是"组合型"单体展品，除几件车马器能够独立展出外，缺乏其他相关文物展品。另外，作为秦始皇帝陵博物院"一院多馆"模式下的专题展陈（图2-114），"青铜之冠——秦陵彩绘铜车马"展的内容设计和形式设计都着重围绕铜车马展开。

"青铜之冠——秦陵彩绘铜车马"展分为5个部分，共5个展厅。第一部分"惊世发现：秦陵铜车马的出土"在序厅；第二部分"雍容华贵：秦陵铜车马的风采"内容分布在第一、第二展厅，第二展厅中"铜车马上的兵器和车马器具"也是第二部分内容的延续；第三部分"据形求实：秦陵铜车与秦代马车"和第四部分"攻坚克难：秦陵铜车马的修复"在第三展厅；第五部分"回归秦朝：动手的快乐"在尾厅。

（一）序厅及第一展厅

序厅"惊世发现：秦陵铜车马的出土"通过电子沙盘与立面版面相结合的方式，展示了铜车马及车马坑与秦始皇帝陵的位置关系，以及20世纪80年代铜车马的发掘工作（图2-115）。

第一展厅"雍容华贵：秦陵铜车马的风采"，重点展示两乘秦陵彩绘铜车马，利用建筑特点制作了灯箱和版面相结合的8个小展区，展示出了铜车马部件的细节特点，再加上两乘铜车马巨型展柜背后的铜车马各部位名称图，不仅把铜

图2-114　铜车马博物馆外景（上）

图2-115　序厅沙盘（下）

图2-116 第一展厅实景（上）
图2-117 第一展厅壁龛（下）

车马的性质和"雍容华贵"的特征展示出来，让观众一睹始皇銮驾的风采，实物与图文相结合的方式也让观众更加细致地了解了铜车马的结构，同时也为第二展厅展出的车马坑木车遗迹出土的车马器具做铺垫（图 2-116、图 2-117）。

（二）第二展厅

第二展厅"铜车马上的兵器和车马器具"展出的是铜车马上的车马器具、车马坑木车遗迹出土的车马器具，以及部分铜车马上的车马器复制品。车马坑木车遗迹出土的车马器具与铜车马上的器具一致，将车马坑木车遗迹出土的车马器具进行单独展出，并结合图文版面对这些器具的名称、结构、用途、纹饰、彩绘、铸造特点以及发展史进行详细阐述，不仅弥补了铜车马零件不能拆卸展出的遗憾，是第一展厅内容的延续，同时也为第三展厅"据形求实：秦陵铜车与秦代马车"对秦代马车结构及驾挽的解读打下了基础。

第一展厅和第二展厅是挑空结构，欣赏两乘彩绘铜车马时，观众不仅可以在第一展厅近距离仔细观察，还可在第二展厅俯视观看，两乘铜车马"帝王銮驾"的气势一览无余，尽收眼底。在两乘铜车马柜外照明的设备上，我们巧妙利用空间和技术，展示动态的车马，与展柜内的铜车马相呼应，动静结合，彩色的马车也将展厅变得更鲜活灵动。在第二展厅结尾处有一个小的专题展示"立车伞盖"，这个展区是研究成果的实际转化。这里不仅可以看见青铜盖座复制品和对伞盖按比例放大的仿制品，通过"车盖与盖座的安装与取卸"视频演示，观众还可以全面了解秦代戎车上伞盖的机械之变，体验古代科技的乐趣。"立车伞盖"专题展示是"据形求实：秦陵铜车与秦代马车"的序章，吸引观众去探索更多古代马车上的奥妙之处（图 2-118）。

图2-118 "立车伞盖"专题展示

（三）第三展厅

第三展厅分为"据形求实：秦陵铜车与秦代马车"和"攻坚克难：秦陵铜车马的修复"两部分。"据形求实：秦陵铜车与秦代马车"是展览的高潮，通过对秦陵铜车的"解析"，以学界多年的研究为基础，实现对秦代马车的"重构"，再现了古代高等级马车的真实面貌和古代工匠高超的技术与工艺，也映衬了秦陵铜车马铸造与制造工艺的高超，不负今人对其"青铜之冠"的赞誉，呼应了展览的主题，与秦始皇帝陵的整体文化特征相符合。

"攻坚克难：秦陵铜车马的修复"与序厅完美呼应，是铜车马前世与今生的完美"邂逅"，历经时光侵袭后破碎的秦陵彩绘铜车马，正是在文物修复人员的辛勤努力下才恢复了往日的"荣光"，与秦兵马俑的"整装待发"一样，秦陵铜车马似乎也在等待着它的主人再一次巡幸天下。

（四）尾厅

尾厅是"回归秦朝：动手的快乐"，秦陵铜车马是2200多年前的"高科技产品"，而今，我们用最新的科技为铜车马赋能，让文物"活"起来（图2-119）。

图2-119　互动展厅

三、展览述评

作为考古遗址博物馆内的专题陈列，"青铜之冠——秦陵彩绘铜车马"展与车马坑遗址及秦始皇帝陵遗址形成一个连贯、成熟的展示体系。展览以两乘大型青铜彩绘铜车马为核心，展览内容从青铜车马拓展到秦代车马文化。同时，展览根据铜车马这一形象又具体的实物资料，选取车马坑木车遗迹中出土的金、银、青铜车马器，结合古文献和考古发现的古代车马信息，对秦代马车的结构和驾挽方式进行分析和重构，是目前国内唯一忠实还原秦代车马结构及系驾关系的展览，为古代车马文化研究提供科学、直观的物证。作为辅助，展览选取铜车马上的车马器具，制作复制品，通过工艺、材料、色彩等的复原，展示文物细节；制作复原品，通过对铜车马的解构与分析，还原秦代马车的结构、材料和驾挽方式；制作仿制品和互动类产品，让观众动手参与，获得文物修复和古代车马文化的相关知识。

作为博物馆基本陈列的一次更新，展览具有以下创新点：

一是展览内容更加丰富。原展览因展厅空间限制和当时学界研究成果不足等，展示内容仅限于铜车马本身，新的展览在原展览的基础上，结合新的研究和新技术、新材料，将展示内容由秦陵铜车马扩充到秦代车马文化。展览将实验考古的成果运用于展览。对精美文物进行重构性展示，如金银马勒的重构等，体现"让文物说话"的展示宗旨。多样的数字技术，让观众身临其境感受车马文化。多媒体内容形象解读古代车马的结构、制作、系驾等知识，与复原展品、图文版面相配合，通俗易懂。

二是展示手段更新。改变以往仅以文物本体静态展示的方式，创新展示手段，以铜车马的形象为基础，通过复原和重构，还原秦代实用马车的大致形象和文物的使用场景，让观众真实地"触摸"到历史。展览中运用"蒙太奇艺术手法"，将复、仿制品与场景、多媒体、版面融合，使展览内容与视觉呈现完美结合。展览合理利用展示空间，将层层剖析的展示内容与下沉式展厅和上下两层环廊式的展示空间相结合，观众既能全方位、多角度地欣赏文物，同时也能深入了解展览内容。多媒体动态影像贯穿上下两层，与两乘铜车马形成虚与实、动与静、古与今的对比与共存，体现古代科技与现代文明的碰撞，实现跨越2200多年的对话。

三是形式设计与内容完美融合。展览采取"放大镜"式设计思路，尽精微而致广大，紧扣两乘铜车马，多角度、深层次、全方位、多元化地对其进行解构式陈列和重构式展示。主展厅充分运用多媒体动态影像及铜车马遗址模拟场景，与两乘铜车马形成虚与实、动与静、古与今的对比，体现古代科技与现代文明的碰撞。主展厅展板风格简单凝练、色彩运用简约大气，第三展厅版面与复制品巧妙结合，实现了对秦代马车部件的还原和模拟再现，既削弱了单一材质展品的枯燥感，同时也能体现材料美学在展览展示中的运用。展览形式设计对铜车马纹饰、色彩、造型等元素的提炼贯穿整个展览，既和谐统一，又富有变化。

四是展览以观众为中心。展厅中设置互动区、多媒体社教影厅、观众休息区和文创商店，观众可以休息、购物，并将展览的文化记忆带回家。

秦始皇帝陵铜车马博物馆的设计建设注重科学性、合理性和前瞻性，整体建筑与陵区空间特征、帝陵的恢宏气势相吻合，与周边环境浑然一体。展览完善了秦始皇帝陵博物院的展示体系，改善了铜车马的保存、展示环境，优化了观众的参观体验。展览全方位体现了秦陵铜车马的内涵，对展示传播秦文化具有十分重要的意义。

青銅之冠

The Crown of
Bronze Works

策 展

呈现与重构

一、研究者与策展人——专业视角和思维模式的转换

秦陵彩绘铜车马在 1980 年 12 月出土后，连同未完全清除的出土遗迹一起从坑下被整体切离装箱，运送到秦始皇兵马俑博物馆修复室，进行细致的清理、资料提取和修复。经过一年多的前期研究和准备，1982 年 4 月，秦陵二号铜车马的修复工作正式开始。1982 年 8 月，刚刚走出大学校门步入博物馆岗位的我，被领导安排到秦陵二号铜车马修复组学习文博业务，并配合安全保卫人员做好铜车马的守护工作。我的临时卧室和书桌就安置在修复室旁边被隔挡出来的半间库房里，可以说我入职后的第一年是与秦陵铜车马这组"国宝"朝夕相伴的。二号铜车马修复组还邀请了西安交通大学、西安冶金建筑学院（现改名西安建筑科技大学）等单位的冶金、铸造专家，对铜车马的青铜冶炼和铸造技术进行研究，从他们那里，我知道了秦代制作铜车马时所采用的高超的铸造技术和加工工艺。铜车马修复的过程中，时常会有文博界的专家学者前来考察，与他们的交谈也让我受益匪浅。他们经常会提到关于古代车马的专业问题，其中的多个疑问便成为我此后读书和研究中重点关注和求证解决的课题。也正是这段工作和生活经历，让我与秦陵铜车马结缘，并用大半生的精力欣赏铜车马、研究铜车马。

为了适应博物馆文物保藏、科学研究和陈列宣传的需要，2010 年初，博物院决定利用秦陵一号铜车马从上海世博会展出归来后尚在库房进行维护的机会，对铜车马做一次全面的资料采集。资料采集工作分两个大项，一项是三维扫描信息采集，另一项是图像资料（照片、绘图等）和测量数据采集，后一项由我负责策划组织。2012 年，博物院又对二号铜车马做了文物图像资料采集和三维数字信息采集。这两项工作从 2010 年 2 月开始，至 2014 年 10 月结束。利用

新采集的文物图像资料，博物院与文物出版社合作，出版了一套两本的图谱型学术研究报告，即《秦始皇帝陵出土一号青铜马车》和《秦始皇帝陵出土二号青铜马车》。两本书以介绍秦陵铜车马最新学术成果为铺垫，全面详细地呈现了秦陵铜车马的奢华形象、复杂结构、驾挽关系、雕塑艺术、彩绘纹饰及数据资料。新采集的铜车马三维扫描数据和图像资料，为铜车马研究、铜车马陈列宣传、铜车马复仿制、铜车马多媒体制作，以及与铜车马相关的文创产品开发等，均提供了极其可贵的支持和保障。也正因为有了这次采集的铜车马三维数据和大量的照片、绘图资料，铜车马博物馆的陈列才能够将"用拆解方法解读铜车马"这一策展构想精彩实现。

2017 年 7 月 18 日，部门主任通知我上午 9 点到业务楼二层参加铜车马博物馆设计方案论证会。会议进行到后半段时，主持人点名让我发言。我以铜车马之所以被称作"青铜之冠"的几个重要因素为基本点，简单谈了铜车马陈列应该向观众展示的亮点和需要介绍的知识点，还列举了自己设想的几项展示手法。作为科研规划部的工作人员，我本以为参加完会议就没自己什么事了，哪知道更麻烦、更艰巨的任务却随之而来。

2017 年 8 月初的一天早上，院长告诉我："秦陵铜车马博物馆陈列方案需要由你来写，你是咱们博物院研究铜车马的专家，对铜车马最熟悉，责无旁贷。"我提出自己不是陈列展览部的人，在科研规划部还有岗位任务需要完成。院长说，工作的事情由他来协调，"撰写铜车马陈列方案这件事你别想推掉"。如此这般，铜车马博物馆陈列方案撰写这个艰巨任务就落在我这个陈列"门外汉"肩上。

以研究铜车马学者身份担任秦陵铜车马博物馆基本陈列策展人，还是有一定跨度的。首先是对陈列方案体例不熟悉，不知道陈列说明需要按内容的主次做版面分级，还是依照撰写论文的体例分为大标题和小标题。其次是不熟悉陈列语言和陈列词汇，写出来的陈列方案明显不如职业策展人那么专业。最后是思维模式有差别。训练有素的策展人，强调让展品"说话"，让观众自己欣赏、理解，所以尽量少写说明文字。做研究的学者总想着面面俱到，总担心没有把问题说清楚，因此写出来的陈列方案往往内容太过烦琐，不够精练明快。诚然，对于人们不熟悉的上古史陈列和考古类陈列，展板说明文字还是不能太过简单，否则绝大多数观众就不容易看懂。

二、预判与先行——文物展品调研和复制展品准备

接受铜车马陈列方案撰写任务后，我凭借自己对秦陵铜车马和中国古代马车结构的熟知程度，先梳理出了一个简要的陈列大纲，随之从大纲中勾出需要提前准备和提早行动的四件事：第一，摸底排查并测量收藏在藏品管理部的一批出土于秦陵封土西侧车马坑的车马器。第二，提前调研并实验制作铜车马展览所需的高仿真复制展品。第三，与具有古丝绸复织技术能力的科研机构合作，根据铜车马彩绘纹饰也就是秦代皇帝马车的车厢衣蔽装饰，提前开展衣蔽纹样丝织品复织的研究与实验。第四，组织陈列展览部和藏品管理部提前开展车马坑出土木车遗迹中的车马器资料提取工作。

（一）车马坑与木车遗迹车马器

车马坑出土有木质马车遗迹和车马器一事，原本考古文博界人士知道的就不多，文博界以外更是几乎无人知晓。事情的原委还得从秦俑考古队开展的秦始皇帝陵考古调查说起。

1974年秦兵马俑坑被发现后，秦始皇帝陵成为人们关注的热点。为了解陵园的布局和地下埋藏情况，自1977年初起，秦俑考古队对陵园展开了一次大面积的考古普查和勘探。1978年6月的一天，在紧挨着陵墓封土的一块刚刚收割完小麦的农田里，钻探队员的探铲从地下7米深处带上来一个栗子般大小的圆形金属件。相隔不久，一个圆形银质构件和一个金片又相继被探铲从地下带出。凭着多年的考古经验，钻探领队程学华知道这三件器物应是古代马车上的配件，具体地说就是马络头上节制约束络带的"节约"，据此可以判断地下应该埋藏着车马。经过进一步的钻探，得知这里应当是一座包含车马随葬品在内的大型陪葬坑。陪葬坑地处封土正西，东界距离封土边沿仅20米，平面形状呈山字形，东西和南北均宽55米，总面积3025平方米。山字形陪葬坑"底边"南半侧的长方形区域，是一组由并肩排列的5个东西向耳室（一端有开口的窄长坑道）组成的车马坑。1978年7月，考古队试掘了自北向南的第3个耳室，发现耳室内埋着面朝西前后排列的两乘彩绘木车马。木车出土时损毁严重，仅存部分朽迹和髹漆、彩绘痕迹，据痕迹和出土的车马器可知木车马也是实用马车的二分之一大小。虽然3号耳室的木质车马遗迹未能保留下来，但从遗迹中清理出金、银、铜质车马器近千件，这些车马器与秦陵铜车马上的金、银、铜车马器大小、形制相同。两年后，经国家文物局批准，考古队又于1980年11月5日至12月底，对这处车马坑最北边的耳室即1号耳室进行了发掘，从中出土了两乘彩绘铜车马，按照车在坑中的前后摆放顺序编为一号车和二号车。

出土于木质车马遗迹中的这批车马器以金银材质为主，数量大，纹饰精美，种类齐全，是研究秦代马车和秦始皇帝乘舆制度的珍贵资料。但是，由于车马坑木车遗迹的发掘和这批车马器文物的具体资料一直没有公开发表，也因为同一车马坑出土的彩绘铜车马吸引了人们的全部关注，这批制作精美且极具研究价值的车马器，被长期存放在文物库房中，尽管偶尔有临时展览从它们中选取过几件形制精美的代表性的器物，如青铜错金银纹伞杠箍、银质蝉纹轭軥首等，或是有的介绍秦始皇帝陵的图录中选用过其中个别文物的照片，但总体上这批器物鲜为人知。

车马坑木车遗迹出土车马器的资料提取工作在藏品管理部主任和青铜器库房管理员的支持和帮助下，前后用了一个月时间。文物保护部利用这次机会，对这批车马器中金银器的材料成分和加工痕迹做了检测和分析。通过摸底查看，取得了很大收获：一是对能够拣选出来用作陈列的文物心里有了底。二是摸清了器物的具体形制、结构和纹饰品相，对器物在陈列中的组合排列和支撑固定形成了初步设想；列出了照相和绘图文物清单，为版面图片做好准备。三是对器物的金属材质成分和制作工艺有了清楚的认识。四是对藏品管理中文物的拆分收纳与建档编目情况有了清楚的认识，从而改变了我们最初设想的部分马具采用复原重构式编缀陈设方案。关于这一点需要作几句解释。例如，秦代马络是由皮条编结的络头以及1枚当卢（钖）、5枚节约（背面带钮的扣饰）、2根镳、1根铜衔、4枚小铜环构成的，络头的皮条上还穿串着上百枚扁体的金银短管做装饰。我们最初的想法是，按照秦陵铜车马金银马络结构，用木车遗迹中出土的金银车马器，复原重构出一具秦代马络。可是，查看了藏品收纳状况和建档模式后，当初的设想便被击碎了。我们看到，这批车马器中的金银管饰、小铜环等，是按照当初考古清理人员随手分装的小袋编号、建档的，袋内的小件器物少则两三枚、多则二三十枚，每个袋子使用一个档案编号，袋内的小件器物只统计数量和总重量。如果想要复原重构一具金银络头，就必须用到十几个小袋中的管饰，将它们打乱后再混合装配在一起。由于这些金银管饰的形状和大小几乎相同，混合装配后就难以再做辨认区分。这样一来，馆藏文物编号和档案管理就出问题了。而按照国家规定，馆藏文物编号和档案是不能改动的。在车马器陈列中，对于例如马络头和串饰有精美饰件的绳带类鞁具，如果能够采用真品文物作复原重构式展示，是说明此类鞁具结构和车马器使用方法的最形象、最直接、最有效的方式，但是，如果这种创意因为文物管理需要而不能实现，或是预估可能会对文物本身造成不利影响，策展人就必须选择放弃。

（二）以实验考古理念复原秦代马车的前期准备

关于调研并以实验考古理念制作铜车马展览所需的高仿真复制展品一事，我本人的想法是，根据秦陵铜车马提供的具体又形象的模型资料，结合考古发现的大量实用马车遗迹信息，采用实验考古的理念，复原制作出一组拆分为单元结构的马车部件和一乘完整的高仿真的秦代马车，无论是车的单元结构部件还是整套马车（包括鞁具马饰），复制品的形制、结构都要与秦陵铜车马呈现的信息一致。要达到这样的目标，就必须提前去做技术、工艺、材料等方面的调研和实验研究，在各类拆分结构实验研究有了初步成果的基础上，再整合各项技术和工艺制作出高仿真的复原秦代马车。综合学术界对古代马车结构的研究成果，我将马车复制实验研究拆分为木结构与榫卯、藤竹皮革编织与捆绑、漆器制作与髹漆彩绘、金属车马器制作与鎏金错金、麻布与丝织品复织等五个类别，并拟订了各类别的不同部件、器件名称、尺寸、材质和质量要求清单，由陈列部作为项目申请附件提交院领导审阅。另外，我利用学习考察外加自费旅行的方式，做了一些马车制作工艺的前期调研工作。还利用和古典家具制作圈朋友聊天的机会，打听到几位漆器制作和竹藤器制作的老技师，向他们咨询了漆器和竹藤器制作的有关问题。尽管这些前期准备工作微不足道，但还是为后来铜车马陈列中使用的马车拆分部件复制品的制作提供了帮助。

铜车是用青铜铸造的模型车，但它以表面铸塑的浮雕形象为基础，将彩绘纹饰与浮雕形象紧密配合，从而共同展现出皇帝御用马车的实际材质和屏蔽、衣蔽装饰的原貌。也就是说，秦代工匠用逼真的塑形和极具特征的纹饰，将铜车马原型的结构和材料使用情况告诉了我们。依据考古资料，通过比对研究，我们认识到秦陵铜车车舆内外两面多个区域的彩绘纹饰所表现的，应该是由不同纹样丝织品面料制作的衣蔽装饰。无论是用实验考古的理念复原制作高仿真的秦代马车，还是在陈列中用具体实物以复原重构方式解析秦陵铜车，都必然要用到曾经作为皇帝豪华马车衣蔽装饰的丝织品的仿古件。正因为知道研究并复织与铜车马彩绘纹饰相同的丝织品的重要性，我在担任铜车马陈列策展人后的第一时间就提出了秦陵铜车彩绘纹饰所象征的丝织品材料复原计划。为了丰富丝绸复织前的知识储备，我与同事曾赴中国丝绸博物馆、苏州丝绸博物馆、湖北荆州博物馆及中国社科院考古研究所苏州纺织考古基地调研，并多次向中国社科院考古研究所的古丝绸研究专家王亚蓉老师咨询秦汉丝绸的种类、特点和古丝绸复织的技术问题。在此基础上，我还与王亚蓉老师一起草拟了《秦陵铜车马彩绘纹饰织品复原研究与实验方案》，希望博物院能够将其列入长期科研规划。

三、展览主题与策展思路——奠定精品陈列的基础

（一）展览主题

    秦始皇帝陵铜车马博物馆是专为一组两乘随葬用青铜车马建立的专题博物馆，坐落在秦始皇帝陵封土西南侧的陵园内外城垣遗址之间，北距出土铜车马的陪葬坑仅有 240 米。铜车马博物馆虽然不是建设在陪葬坑之上，但它与秦始皇帝陵大遗址范围内的多座博物馆和遗址展厅一样，也是为了保护和展示特定属性的秦陵出土文物而建立的专题馆。博物馆的专门属性和馆名中包含的"秦始皇帝""铜车马"两个关键词，框定了博物馆展览的主体理所当然是"铜车马与秦始皇帝的马车"。

    紧扣展览主题，我们将陈列内容确定为：以两乘精美绝伦的青铜车马为核心，展示秦陵铜车马的奢华与精致，彰显皇帝銮驾的风采；揭示铜车马高超的铸造和制作工艺，赞颂中国古代的科技成就；解析和重构古代马车的复杂结构与巧妙驾挽方式，再现古代马车的真实面貌；讲好秦代制作铜车马与当代修复铜车马的故事，传承和宣扬古今工匠精神。

    与其他展览的策展过程一样，铜车马博物馆展览主题和陈列内容也是经过反复讨论才确定的。在铜车马博物馆建筑方案论证阶段，有专家建议铜车马展览主题应该设定为铜车马与古代车马文化，并提出将陈列内容分作两大单元，第一单元重点展示和解读秦陵铜车马，第二单元讲述中国古代车马发展史，重点强调古代车马制度与造车技术。这个建议的优点是，以秦陵铜车马为引领，向观众展示中国古代有关车马的礼仪文化和物质文明。缺点是，将铜车马博物馆从特定文物专题馆拓展为古代车马文化专题博物馆，突破了铜车马博物馆的特定属性，使得铜车马博物馆的

陈列与秦始皇帝陵的其他博物馆、展览大厅的展览内容和主题特征不统一。关键问题还在于，由于缺乏相应的文物藏品作为陈列展品，第二单元的车马发展史部分只能做成图片与文字展，如此就会导致整个展览头重脚轻，同时让观众对第二部分陈列内容失去兴趣。在同提出不同意见的专家座谈、沟通后，策展人及其团队提出的展览主题和内容设计终获认可。

（二）展览名称

展览主题已定，策展团队开始考虑给展览起一个响亮的名字。取名的要求是与主题契合，简洁明快，高端大气。之前，铜车马在秦始皇兵马俑博物馆展出时的展名是"青铜之冠"。这个名称具有简洁、大气两个特点，也强调了秦陵铜车马在青铜铸造和制作技术方面的超凡成就，但却没有体现出铜车马是秦始皇帝銮驾乘舆的象征以及铜车马对于中国古代马车驾挽关系研究的巨大贡献这两大内涵。因此，作为策展人的我对铜车马博物馆陈列继续使用"青铜之冠"这个名字不是十分满意。我苦思冥想，试图为陈列取一个能够将皇帝马车、高超青铜制造工艺、豪华装饰这些概念都涵盖进去的名字，但直到陈列方案第一稿起草完成也没有达成愿望。

在提交专家讨论的陈列方案（草案）第一稿的陈列名称一节，我先汇报了自己对铜车马博物馆展览名称的看法，提出了四个名称供专家讨论。其一，"皇帝的銮驾：秦始皇帝陵彩绘铜车马"；其二，"大辂永随：秦始皇帝陵彩绘铜车马"；其三，"大辂皇皇铜铸彩章：秦始皇帝陵彩绘铜车马"；其四，"青铜之冠：秦始皇帝陵彩绘铜车马"。并对其中的用词理由做了如下简单解释：（1）天子和皇帝乘用的马车有銮驾、大辂、玉辂、銮车、銮辂等诸多称谓。"銮驾"

名称出现略晚，见于《后汉书·荀彧传》。其他名称的出现时间均早于秦代，如"大辂"见于《尚书·顾命》《周礼·巾车》《礼记·乐记》《史记·齐太公世家》等，"銮车"见于《石鼓文·銮车篇》，"銮辂"见于《吕氏春秋》。（2）"皇皇"，见于《诗经·小雅·皇皇者华》，也作"煌煌"，形容光彩盛大。"彩章"，彩色纹饰，古代多用来称舆服旌旗上的纹饰。秦陵铜车用青铜制造，表面通饰彩绘花纹，是始皇帝乘舆彩章的写照。（3）秦陵铜车马是秦始皇帝的陪葬马车，"马车"是其"本性"，是其陪葬于陵园的根本，当然也是铜车马陈列的核心。青铜制作只是形成"马车"的材料和手段，即使青铜制作工艺十分高超，但它仍然不能超越铜车马的"葬用马车"这一"根本"身份。（4）"青铜之冠"之名，固然大气，但它只含有体型大、形象美、制作工艺高超这类概念，缺乏明确的标识性和排他性，不包含车马概念和特定含义。由于"青铜之冠"概念宽泛，国内馆藏文物中使用这一称谓的就有几件，如后母戊方鼎、曾侯乙编钟等，名称与秦陵铜车马之间不能形成直接联系。

几番讨论，反复斟酌，专家和策展团队达成了共识，认为前三个名字虽然包含有"皇帝銮驾"这个概念，但社会认知度不高，也不如"青铜之冠"大气。最终决定展览名称仍旧使用"青铜之冠"，但在四字之后增加了副标题"秦陵彩绘铜车马"。这个名称将秦陵铜车马与"青铜之冠"紧密结合在一起，既明确了"青铜之冠"的具体指向，也彰显了秦陵铜车马作为古代青铜器铸造与制作技艺典范之作的霸气。

（三）策展思路

秦始皇帝陵铜车马博物馆基本陈列中，两乘彩绘铜车马是展览的核心，秦始皇帝是马车的主人，陈列展览当然围绕两乘彩绘铜车马和秦始皇帝展开。第一，展览的中心工作是突出两乘铜车马，做好特定主体文物铜车马的展示。对于如何突出两乘铜车马，策展人的思路是，一是要在展柜设计上做文章，二是要在展厅氛围上做文章，三是要避免辅助展线喧宾夺主。第二，注解铜车马是秦始皇帝陵的陪葬品，是供秦始皇帝灵魂使用的明器，解读秦陵铜车马的属性、性质，厘清葬用青铜车马与秦始皇帝生前马车仪仗（法驾卤簿）之间的对应关系。第三，合理应用灯光等手段，尽可能清晰地将铜车马的结构、装饰、彩绘等细节呈现给观众。结合展板解释和多媒体演示，做好铜车马结构、装饰、彩绘等内容的诠释。第四，秦陵铜车马用青铜和金银制造，结构复杂，零配件众多，铸造和制作工艺难度极大，被誉为"青铜之冠"。展示并解读秦陵铜车马的铸造和制作工艺，向观众宣传中国古代的科技成就，是铜车马展览的又一个重点。第五，秦陵铜车马也是秦代雕塑艺术的代表作之一，秦代雕塑的特点是致广大又尽精微。铜车马陈列应当引导观众在欣赏铜车马组合体的同时，从细微角度去欣赏铜俑、铜马雕塑的精彩。第六，铜车马彩绘尤其是车舆车盖内外两面的彩绘纹饰，是秦陵铜车马值得关注的一大亮点，极具欣赏价值和研究价值。清晰展示彩绘纹饰的色彩和图案，解读彩绘纹饰的用意，也是展览需要解决的重要问题。第七，秦陵铜车马虽然是用作陪葬的青铜模型，但逼真模拟秦始皇帝乘舆马车制作，车舆结构明确、清晰，御手和马生动、传神，鞁具完整且装配连接关系明确。根据铜车马提供的形象资料和细节信息，采用复原重构、多媒体演示、图文解读的形式，展示和呈现秦代马车的形制、结构和驾挽方式，让观众对古代单辕马车的驾挽和驾驭产生兴趣并有所认识。第八，考古人员曾于 1978 年夏天对车马坑 3 号耳室进行过试掘，从发现的两乘木质马车遗迹中出土了大量金、银、青铜车马器，这些车马器与铜车马上的器物完全对应。在展览的复原重构秦代马车结构和驾挽关系单元，将把这批车马器中的典型器作为基础展品，配合按照实验考古理念制作的高仿真复原马车部件，并将它们与秦陵铜车马照片和结构线图对照，从而达成对秦代马车结构和驾挽方式的诠释。第九，秦陵铜车马的考古发掘和成功修复中既有老一辈考古人吃苦耐劳、勇于奉献的故事，也饱含着文物修复人攻坚克难、巧用技能、认真负责的工匠精神。把他们的故事告诉观众，也是铜车马展览不可或缺的内容。第十，设立观众参与互动区，以马车车轮和伞盖拆卸安装、马车驾具挽具连接、残破车盖拼对、马车驾驭等为互动项目，让观众通过动脑思考、动手操作的方式参与到含有铜车马和古代车马知识的游戏活动中，从而达到寓教于乐的观展效果。第十一，导游、自媒体，甚至官方主流媒体，对铜车马所做的介绍、宣传、讲解中出现了很多错误，有些错误已经成为广泛的说法。有侧重的正确引导，用形象生动的展示手法和物化语言解读并传递正确的知识，也是策展人希望通过陈列达成的愿望。

秦陵铜车马虽然体型庞大、结构复杂，但就陈列展览而言仍然是组合型单体展品，除几件车载兵器和车马器能够分柜展示外，再无密切相关的文物展品。同时，秦陵铜车马的独特性质具有强烈的排他性，使得策划陈列时无法将其他同时代同类型的器物与铜车马一同展示。文物展品和陈列诠释的独特性决定了陈列展览中必然要使用大量的图片、复原仿制品、影像资料和多媒体演示，以及难以舍去的文字解释。当然，事物都具有两面性。上述问题既是策展人需要面对和解决的困难，但处理好了，也可能成为铜车马展览的特色。

四、从宏观到微观——展览的内容阐释

展览的核心展品是两乘秦陵彩绘铜车马，文物少而精，但是其所蕴含的历史、文化、科技、艺术等方面的信息却异常丰富。如何在同一主题下进行非线性、多角

度、多方面的内容阐释？这是展览策划之初就面临的思路问题。

　　经过对馆藏文物的梳理，我们找出与铜车马相关的其他文物，以对展览内容进行丰富、延伸和拓展。车马坑虽然未进行全面发掘，但是在发现了两乘秦陵彩绘铜车马之后，考古人员曾于 1978 年夏天，对车马坑 3 号耳室进行过试掘，从中发现两乘木质马车遗迹，木车遗迹中出土了完备、成套的金、银、青铜车马器。策展人员对这些车马器进行了详细的整理和分析，得出的结论是：木车遗迹中出土的这些品类齐全的车马器，与铜车马上的金、银、青铜车马器是完全一一对应的。这个结论不光为我们策展提供了全新的思路，同时也为我们研究秦代车马的真实面貌打开了一扇窗户。

（一）以铜车马为核心的内容阐释体系

　　我们将铜车马上的车马器与木车遗迹中出土的车马器进行对照、分析和推理，发现其同类、同等性质的车马器的数量、形制都是一模一样的，这为我们透过铜车马来研究秦代实用马车提供了坚实的依据。对展品的研究，以及对现有的科研成果的梳理，为我们进一步确定了策展的主要思路：展示并解析秦始皇帝陵铜车马，彰显皇帝銮驾的风采；分析和重构秦代马车的结构与驾挽，再现古代马车的真实面貌。围绕这个展览主题思路，构建以铜车马为核心阐释目标的展览内容阐释体系。

1.以铜车马为核心的内容阐释

　　展览的第一单元"惊世发现：秦陵铜车马的出土"，介绍了秦陵铜车马的出土情况以及秦始皇帝陵遗址的分布情况。

展览的第二单元"雍容华贵：秦陵铜车马的风采"，将两乘彩绘铜车马作为核心展品陈列于展厅中央，向观众展示始皇帝銮驾的风采。内容阐释紧密围绕铜车马展开，分为六个部分："乘舆副车：铜车马的属性"，结合史料，介绍了秦陵铜车马由立车和安车搭配成组，应属秦始皇帝銮驾中的"副车"；"精彩呈现：铜车的形制与结构"，结合照片，介绍了立车和安车的车舆结构及功能；"恭谨自信：御官俑的雕塑艺术"，对两乘车的御官俑的身材比例、头发、神态、手势等细节刻画进行了介绍和分析；"神骏强健：铜马的雕塑艺术"，分析了铜马雕塑中准确的身体比例和骨骼结构；"华美奢装：铜车马的彩绘纹饰"及"华美奢装：铜车马的彩绘工艺"这两个紧密联系的部分，分析和介绍了铜车马彩绘的纹样种类、主要色彩、颜料来源和彩绘技法等。六个部分的内容以专题形式对铜车马进行了全方位、多角度的深入分析和解读。

第二单元的展品除了两乘彩绘铜车马以外，还将铜车马上配备的重要车马器具，如弩、铜盾、铜策、铜囊形壶等，从铜车马上取下来，做了单独展示，结合照片和文物线图，介绍了这些器物在车上的具体位置和数量，分析其性质用途及这些器物的出土对秦代文化、社会生活研究的重要意义。运用文物复原复制技术，对铜车马的马络、缰绳、辔绳等进行了复制，通过对这些车马部件复制品的展示，介绍了铜车马的铸造工艺、金银马勒的制作与连接工艺、绳带类鞍具的制作与连接工艺等，让观众感受到秦代冶金铸造、金属加工等方面技术的高超。

综观展览的第一、第二单元的内容阐释，以铜车马为核心，将铜车马所反映出来的古代乘舆制度、青铜雕塑艺术、彩绘技法、金属制造工艺等多方面的文化信息全面呈现给观众，让观众对铜车马所承载的丰富文化内涵有了全方位的深刻理解。

2.从铜车马到车马文化的内容拓展

围绕核心展品铜车马，我们做了非常全面、丰富的内容解读，策展之初我们所面临的展品少而内涵深的问题解决了一半。透过铜车马，重构古代真实车马的面貌，是我们需要利用其他车马器展品来实现的内容。

展览第三单元"据形求实：秦陵铜车与秦代马车"，以铜车马为依据，结合历史文献和考古出土文物，从车舆结构、华美装饰、驾挽方式等不同方面对秦代马车进行剖析和复原，为观众还原了秦代高等级实用马车的大致面貌。

在第三单元中，通过对车马坑 3 号耳室木车遗迹中出土的车马器，以及运用实验考古学的方法模拟复原制作出的车轮、车舆、马勒、鞁具、车内的纺织品、车马系驾关系等进行实物展示，并结合图文版面和数字多媒体演示，向观众详细介绍了古代马车车轮和车轴的结构力学原理、秦代相同形制马车车舆的基本结构、车内的织物装饰、立车伞盖及伞座的华美装饰和巧妙设计、秦代高等级马车的精致奢华，以及马勒、膺环的编联结构，古代马车中马与车的驾挽关系，马车的刹车和控车方式等多方面关于马车构造及系驾关系的古代车马文化相关知识。

丰富的内容阐释，借助于大量的实物展示和多媒体视频，形象、直观地向观众呈现了秦代实用马车的各部分组件及其装配方法以及马车的驾挽方式，将展览内容拓展到了秦代车马文化。

（二）考古发掘与文物修复工作的展示

如此珍贵的铜车马能够在展厅中与观众见面，背后离不开考古发掘与文物修复工作者的默默付出。展览第四单元"攻坚克难：秦陵铜车马的修复"，带领观众走进了考古发掘与文物修复的世界，我们展出了铜车马发掘报告、修复报告和发掘时的手稿，并辅以考古专家和修复专家的访谈视频。

　　近年来，随着《我在故宫修文物》等一系列电视节目的热播，社会公众对考古及文物修复工作的关注度和兴趣逐渐提高。因此，讲述考古发掘与修复的精彩故事，带领观众感受考古发掘现场、体会文物修复的艰辛，使展览更有温度，更能拉近与观众的距离，引起观众情感上的共鸣，激发观众对文化遗产保护的自觉意识，也是博物馆作为文化传播机构的责任。

（三）互动项目提升观众参观体验

　　展览第五单元"回归秦朝：动手的快乐"，是一个专门的观众互动区。互动区既有可以让人动手操作的车马部件模型，也有数字多媒体互动项目，让观众通过主动参与，亲身体验，不知不觉地加深对展览内容的理解和记忆。车马部件模型，让观众了解一些简单的车马器的装配方法；多媒体互动项目包括象征文物修复的拼图游戏、铜车马系驾装配游戏、文物魔墙与 VR 驾驭马车等，让观众既体会到动手的快乐，又能从中获得文物修复和古代车马文化方面的知识。

（四）展览内容阐释的特点

　　展览内容阐释是围绕展览主题，以展品为核心，以展览故事为线索，将展品所承载的信息进行全面解读，以观众的理解和接受为最终目标的一种信息传达过程。秦始皇帝陵铜车马博物馆展览的内容阐释具有以下特点。

1.展览内容阐释的整体性

铜车马博物馆可以说是为两乘秦陵彩绘铜车马量身定制的博物馆。作为博物馆中最重要的文物，秦陵铜车马是展览的核心。众多观众走进博物馆，主要是为了一睹铜车马的风采。因此，展览的内容阐释必须将铜车马所承载的历史、文化、艺术、科技等信息全方位解读，让观众知其然，且知其所以然。展览中不仅展示了铜车马，还将与铜车马同一个陪葬坑出土的木车遗迹中的车马器进行了展示，对车马器的部位、功能、作用等进行了详细分析和说明，借此阐释秦代车马文化，使整个展览的内容更具整体性。

2.以"物"为核心的阐释方法

在铜车马博物馆展览中，内容阐释紧密围绕着两乘铜车马展开，对其性质、结构、雕塑艺术、彩绘技法、车马器具的配备及用途进行了全面、深入的解读。对于"车马文化"这种看似比较抽象的内容，不能通过教科书式的说教，而应通过车马器文物、复原复制展品以及多媒体演示等辅助展项，向观众清晰解释秦代车马的结构和系驾关系，让观众在对"物"的理解的基础上，深刻感受古代车马文化。

3.内容阐释注重宏观与微观相结合

围绕核心展品铜车马，展览的内容设计兼顾宏观和微观两个维度。宏观方面，对于铜车马的科学研究成果、铜车马的考古发掘与保护修复工作等进行了展现；微观方面，对于铜车马的结构、车马器的部位及功用、秦代高等级马车的精致华美、马车的系驾关系等内容，通过文物、复原复制展品与图文版面、多媒体相结合的方式，进行了深入浅出的阐释。

4.互动项目的设计以内容阐释为根本

展览互动项目的设计，从内容阐释的需要出发，选择适合的互动方式予以呈现。每一个互动项目的设计，都围绕一个核心的内容点，互动只是手段，内容阐释才是目的，寓教于乐，让观众在参与中获得知识，愉悦情感。

（五）关于展览内容阐释的思考

针对铜车马博物馆这样的专题博物馆，针对车马文化这种距离我们今天生活较远的主题，如何将专业的学术知识以通俗易懂的方式告诉观众，让观众自然而然地接受，并在收获知识的同时获得文化享受，这是同类型博物馆展览内容阐释面临的共同挑战。经过策展实践，我们从以下几个方面总结了经验。

1.透物——内容阐释必须以"物"为基础

"物"是阐释传播的主要信息基础。内涵涉及其本体、衍生和流转信息；主题包括艺术、历史、自然和科学；对象涵盖可移动的、不可移动的和非物质的。它们均可被阐释，需系统、深入地加以研究。[1] 在铜车马博物馆展览中，以铜车马为核心研究对象，对铜车马的内涵进行了全面、深入的阐释，并以此为基础，运用木车遗迹中出土的车马器及模拟复原的辅助展品进一步对秦代车马文化的丰富内涵进行了阐释。

2.见史——围绕"物"进行历史文化信息阐释

展览是博物馆"让文物说话"的最好方式和途径，展览有了物，这个物不能仅仅是摆放在那里，围绕物，必须进行历史文物信息阐释。博物馆的展品除文献类文物外，其生产基本不具有传播学上的目的。它们的生产是出于某种使用的目的，并不试图表达什么。与艺术品相比，它们是沉默的，所承载的记忆和信息都深藏在物质中，如果不开展阐释工作，没有接受过专业训练的观众无法看懂。[2]铜车马展览中的文物，是具有极高历史、文化、艺术和科技价值的珍贵车马和车马器。只有对其进行全方位、多角度的文化信息阐释，运用通俗易懂的方式，将文物蕴含的丰富内涵解读、呈现出来，才能让观众真正获得知识，实现博物馆的教育职能。

3.转化——将学术性信息转化为以展示传播为目的的信息

文物及其所载信息的研究成果并不能直接运用于博物馆的展览中，因为学术研究成果是作学术研究而非向公众普及之用，其撰写逻辑与所用术语往往缜密且艰涩，不适合公众理解。此外，展览并非百科全书式的说教，海量的信息对观众无疑是巨大的压力。因此在将信息付于博物馆展览的过程中，还需要增加一环——将学术性的信息转化为以展示传播为目的的信息，对信息进行取舍与延伸。[3]关于铜车马的研究成果很丰硕，围绕展览主题，首先应该进行信息选择与取舍；其次，需将专业、晦涩的学术化信息转化为观众易于理解、易于接受的信息，以免过于专业性的信息对观众造成理解上的压力而让人望而却步，最终达不到展示传播的目的。在铜车马展览中，对于古代车马文化的信息阐释，基于古代马车的部件拆解，从车轮、车舆、鞁具、驾挽方式等方面分别介绍，逻辑清晰，便于理解。同时，每一部分，既有车马器的文物展出，又有模拟复原的辅助展品，对于马车驾驭、刹车、控车等动态动作，制作了多媒体演示视频，从便于观众理解和接受的角度出发进行阐释，既丰富了展示的方式和手段，让展览更加好看、好玩，又达到了让观众学习知识、感受文化的传播目的。

4.参与——信息阐释要促使观众参与

　　一场精彩的阐释性展览必然要贯彻非正式教育理念；深入了解观众想法、需求和偏好，制定认知、情感和体验目标；去芜存菁地择取主题与内容，从内外部给予藏品和研究支持；充分熟悉空间形态下的认知与传播技术，为不同公众创造优质的实体体验。铜车马博物馆展览的最后一个单元 "回归秦朝：动手的快乐"是一个纯粹的观众互动区域，丰富多样的互动项目促使观众主动参与展览。车马文化是比较抽象的信息，但车马器却是非常具象的事物，在观众互动区，车轮拼装、伞杠组装等车马器模型拼装互动项目和铜车马系驾装配游戏、VR 驾驭马车等多媒体互动项目，让观众在参与中获得知识享受，缓解参观疲劳，深受观众喜爱。

　　博物馆展览的内容阐释，是以 "物"为核心的展览内容体系组织，挖掘文物的内涵和文物背后的故事，以 "物"串联起展览的故事线，以小见大，以大观小，透物见史。在内容阐释的过程中，要将学术化信息转化为以展示传播为目的的信息，通过互动项目的设置建立起展览中的 "物"与 "人"（即观众）的连接，促使观众亲身参与，从而使展览的内容阐释既具有知识性，又具有趣味性，更加易于观众理解和接受，最终实现展览的传播目的。

五、解构与放大——车载兵器及铜车马制作技术

第二展厅的展览中，我们采用了"解构与放大"相结合的展示和解析方法。所谓"解构"，就是把器物的结构、纹饰细节、铸造手段、制作工艺、连接关系等，用拆解拆卸、局部特写、线图描绘、复制展品举例等手法展示或演示给观众，并通过简单的注解，让观众了解铜车马铸造技术之精和制作工艺之难。所谓"放大"，就是将器物结构与组装关系、器物塑形与构造特征、彩绘纹饰的图案细节、链条连接与装配细节等，用局部细节放大、连线标注、详细图解等方式呈现给观众，并结合简洁的诠释，让观众知道所展器物的古代原型的真实材质、真实结构和用途用法。

（一）车载兵器之铜弩

秦陵铜立车（一号车）是秦始皇帝乘舆车队（法驾卤簿）中具有征伐寓意的"戎车"，车上载有弩、盾和矢（箭）、矢（箭）箙。与秦陵铜车马一样，车载兵器均为用青铜模拟秦代实用器铸造，大小为实用器的二分之一。它们形象逼真，彩绘纹饰精美。我们特意将这三件（组）车载兵器分作三个展柜及三组版面展出。下面以铜弩为例叙说一下展览中有关解构与放大的应用。

铜弩的构造和铜立车呈现的承弩方式以及隐于其中的车弩使用方法，是极具考古资料价值和学术研究价值的实物例证。作为远射程兵器的弩，由弓、弩臂、弩机构成。考古发现的弩，均因缚扎弓弣和弩臂的皮筋或麻绳腐朽，故而不清楚弓与弩臂的缚扎固定方式。铜弩以极其逼真的绳条缠扎纹路，将弩臂和弓弣

的缚扎固定关系表现得清清楚楚，这就为我们认知古代实用弩的结构和制作提供了扎实的证据。铜弩弓体腰间还系着一道用两股线组拧成的细绳，细绳穿过弩臂上的小孔，形成类似第二道弓弦的拉绳。这种做法在考古史上第一次见到，是唯一实例。此绳的名称，有学者认为叫"檠"，我认为应该叫"绁"。这根绳的作用，一是保护弓背，防止发射时弓的弹力过大而造成弓背折损；二是保护弓弦，分担弓的张力，增加弦的寿命。

铜弩架设在立车车轼前部左侧，承装铜弩的是安装在车舆前軨上沿横桄上的一对银质弯钩。这种成对的伸着长颈的弯钩，考古出土的首例见于河南洛阳中州路M19车马坑的一辆战车遗迹旁，由于它们与弩臂朽迹、铜弩机一同出土，人们误以为它们是安装在弩臂前端用来含持弩弓的青铜构件，因此称它们为"承弓器"。后来在秦兵马俑坑、河北保定满城汉墓也曾出土。秦陵铜车马出土后，人们才知道这种金属弯钩是安装在立车（戎车和战车）前軨上的承弩支架，并不是装在弩臂前端的"承弓器"。这是秦陵铜车马对古代车战及兵器研究的贡献。关于弩臂支架（金属钩）的名称，有学者认为应称"弩辄"，我本人认为应该称"弩蠟"。相关考证在此不赘。车舆空间狭小，舆内无法容弩，更难以张弩，故车上用弩，必须解决如何承载和如何张弩这两个关键问题。车舆前軨上的这对金属钩，首先是用来承弩的，更重要的功能是张弩。利用金属钩的支撑和钳制，使用者能够轻松地完成张弩搭箭操作，简便易行。

铜弩弩臂的后端，即弩臂的托部，有一段用错金银装饰的结构，这段错金银装饰结构的实物，应该是一件安装在弩臂后端的错金银纹青铜套。这种错金银纹铜套在河南洛阳中州路M19车马坑出土弩臂残迹上就曾出现，在重庆涪陵小田溪战国墓和成都羊子山172号墓也曾与铜弩机一同出土。考古出土实物与铜车马铜弩弩臂后端的错金银结构相互对照，为研究古弩的结构和制作提供了清晰的信息。

基于以上资料和研究成果，我们对铜立车车载铜弩做了全方位的解构和展示。

图3-1　车载铜弩的陈列和解构

　　铜弩作为主要展品陈列在展柜的正面，与铜弩对应的是一件表现弩弓与弩臂缚扎捆绑结构的复制品。复制品的材质为木料和皮条，缚扎方法完全模拟青铜弩的雕塑纹路和绳条交织关系。为了说明铜弩弩臂后端用错金银纹表现的实际结构是错金银弩托铜套，我们在展板上将铜弩弩臂后端特写照片与河南洛阳中州路 M19 战国车马坑、重庆涪陵小田溪战国墓出土的错金银纹弩臂铜套的照片编排在一起。利用上面两种对比陈列，让观众在观察青铜弩精致形象的同时在头脑中勾画出古代实用弩的真实结构（图3-1）。

　　铜弩是装备在马车上的强力远射武器，解构弩在车上的装配方式，诠释车弩的使用方法，是铜弩陈列需要解决的基本问题。我们知道，铜弩架装在铜立车车舆前轮左侧的一对伸着长颈的银钩上。解构铜弩的装配，所需说明的要素有：铜立车车舆与架装铜弩的形象、银质双钩安装在车舆前轮左侧的状态、银质双钩本身。由于铜弩已脱离铜立车处于独立展出状态，我们就用照片图解的方式把铜弩和铜立车的装配关系以及承弩银钩的安装状态呈现在单元版面上，利用特写组合照片，强调并放大了相关结构，带给观众认知感受，同时用通俗的解读内容对铜弩的使用方法做简明的诠释。观众通过图解组合照片了解了车弩（铜弩）的装配结构，通过解读内容看懂车弩（铜弩）的使用方法，解构和解读的目标便都达到。为了让观众对车上架装铜弩的银钩具有更加清晰的认识，我们还把与秦陵铜车同坑出土的木车遗迹中的一对银钩特别安排在铜弩单元展出，陈列支架仿照银钩原本的安装模式设计。木车遗迹中出土的这对银钩，形制、大小、造型形象与秦陵铜立车上的承弩银钩相同，制作更为精美，这就进一步提升了铜弩陈列单元的观赏性。铜弩单元的展览，从对铜弩的解构，到车载铜弩的架装和使用，再到承弩银质支架的具体形象，将秦陵铜立车（一号车）车载铜弩的形象和内涵全面清晰地呈现在观众面前。

（二）车马用具之囊形壶和索形器

秦陵铜车马模拟秦始皇帝出行车队中的副车制作，车上自然应当配备出行所需的车马用具。在对铜车马考古清理的过程中，考古人员在两车的舆底地板和车舆前侧，分别清理出铜囊形壶各 1 件、铜索形器各 2 件、折叠铜方巾各 1 件、刺状镝衔各 2 件、竹棍形铜策共 3 件。其中铜囊形壶和铜索形器的定名和用途颇有争议。因此，我们就选择这两件器物谈谈车马用具展览背后的轶事。

铜囊形壶最初被称作"铜方壶"，分别出土于铜立车和铜安车，每车一件。铜立车的囊形壶出土于舆内的右前角的车轼下方，用链条挂在车厢前轮背面的铜钩上，出土时位置没有多大移动。铜安车的铜囊形壶出土于舆内左后角，与车厢没有挂连，原来放置的位置不清楚。两件铜囊形壶的形制基本相同，只是大小略有区别。虽然两件壶是青铜质，但却被塑造成典型的布囊形状。例如，壶盖顶部用高浮雕的形式塑造出满是褶皱的皮囊束扎口，囊口的缝边呈锯齿形，绵软地倒伏在壶顶，壶身通体彩绘白色，并密布着不规则的纵向擦划线纹，呈现出类似织物的质感。壶的两侧由盖至底，各有一道象征缝合线的锯齿纹。从姿态挺立的壶身、造型柔软的壶顶和表面的织物纹路及缝合线看，铜囊形壶的古代实物应该是由能够挺立的内胆和布囊外套两重结构组成，内胆可能是用硬质的厚皮革制作，或是一件漆木方盒，套在内胆外面的则肯定是一件柔软的布囊。现在之所以看到的是外观为囊形却又可以扣合的壶身和壶盖，应当是秦代工匠既想表现外层的囊袋又希望告知人们囊内的内胆结构，故而做出如此特殊的处理。

对于囊形壶的用途，有人认为是用来盛酒的"鸱夷"，有人认为是装印信的"青囊"，也有人认为是盛装润滑车毂脂膏的"鞞"。然而，无论是"鸱夷"还是"青囊"，都是车主人的随身物品，主人未到，其随身用品不应该出现在车上。铜马车表现的是整装等待主人的状态，所以车中的器具都应该是车马用具。《诗经·泉水》称"载脂载舝，还车言迈"。脂，即涂轴的油脂；舝，即车辖。《古今韵会举要·二十·哿》记载："车行，其轴当常滑易，故常载脂膏以涂轴。"这说明脂膏是古代车马出行的必备物品。再加上出土时铜壶内部有绿色的粉末，并与索形器、方巾一起出现在车上，说明囊形壶应该是马车上用来盛脂膏的鞞。鞞，也写作槶。槶字从木，说明盛脂膏的壶可能为木器，也可能是漆器。

铜囊形壶器型不大，陈列在展柜中，上面介绍中提到的壶身表面擦划线纹和侧面的锯齿状缝合线纹都看不清晰，壶顶囊袋颈部收缩褶皱和袋口抽绳的塑形立体感也不够强烈。为了向观众清晰展示铜壶的形状实际是对囊的模拟，我们将铜壶身上表现囊袋特点的部位，分别用特写照片展示在与展柜配合的版面上，并明确标注出部位和特征，以此作为对铜囊形壶的解构。在辨明器型的情况下，再用简洁的文字对铜囊形壶的用途加以诠释，这样就把铜囊形壶的身份和功能讲清楚了。

铜索形器在两车中分别出土2件，形制相同，长短有细微差别。铜索形器的主体是一根弯成弧形的索状铜条，身上连接有两段用铜丝扭结的细链条和两个铜球。索状铜条展开后通长30.8厘米。前半段为圆柱体，身上布满交叉线组扭结成的绳纹并盘绕编织在一起。剩下长19厘米的一段由粗渐次变细，并由椭圆体渐次变为六棱体，上面布满了人字形线组交织纹。索状铜条的中段用5节子母活节连接，展现出其原物的柔软性以及能够自如弯曲或伸展的特征。从索状铜条表面呈现的线组编织纹及柔软的体态特征判断，其原物应该是松软且可以自如弯曲的由多股线绳编织的软索。索的粗端质感松软，看上去有极好的吸水性能；略细的一头编织紧密，质感结实，看上去富有弹性。

铜索形器与盛脂膏的铜囊形壶相伴出现在秦陵铜车上，而且一辆车上配备两件。仔细想想，车上需要同时使用这两件工具的地方不外乎车的两轮。车的轮毂和车轴均为木质，车轮转动时轴与毂腔摩擦，既容易磨损又不滑利，马车长途出行时须经常为轴毂浸涂脂膏，以减少轴毂磨损并使其利滑轻快。载脂膏用囊形壶，从壶中取脂膏涂轴，应当用具有很强吸附性能的编索。秦陵铜车马配备的铜索形器呈现为典型的粗壮软索形状，应该是用于浸脂涂轴的"浸脂索"。

秦代埋藏铜车马时，铜索形器被折弯成U字形置放在车中，出土时铜索中部的5个关节完全锈蚀而不能活动，修复铜车马时也没有将关节打开恢复，出现在人们眼前的铜索形器便保持为U字形状。1998年出版的铜车马发掘报告以"U形铜构件"称谓对它做了介绍，没有对该器的用途提出看法。1999年秦陵铜车马移入新落成的陈列厅时，铜索形器与其他多件车马器具一起作为新增展品与观众见面。展览标牌使用的名称也是"U形铜构件"，下面还标注了"用途不明"四字。让人稍感疑惑的是，铜索形器与铜囊形壶属于一组器物，学者们只将铜囊形壶单独拿出来讨论，对其功能、用途发表了不同的认识，却都把铜索形器放在一旁不做探究。与之相反，各路文物爱好者在铜车马展厅看到铜索形器下方标注的"用途不明"后，积极地发表自己的看法。例如，湖南的一位观众多次写长信寄手稿给博物馆，坚持认为"U 形铜构件"是秦代吃肉的"铜插"，并为此前后近十次到秦兵马俑博物馆考察、说明意见。吉林长春的一位观众先是认为"U 形铜构件"是修理马车的"起子"。在被提醒铜车马中绝大多数器物的原本材质并不是青铜而只是用青铜摹写塑形之后，他又认为"U 形铜构件"是古代的"马鞭"，并与《华商报》记者一起，在报纸的《读者热点》栏目上发起了连续三期的读者大讨论。回长春后，又在《长春晚报》上发表了一篇谈论铜车马"U 形铜构件"应是"马鞭"的长文。西班牙的一位观众在看过铜车马展览后，委托朋友转来一封信，信中说"U 形铜构件"与他爷爷使用过的一种衡器形状类似，并讲述了他祖母用这种衡器称量牛排的故事，认为铜车马上的这件器物可能是古代称重的衡器。

我们从文物爱好者对"U 形铜构件"的热情关注中得到三点收获：一是文物陈列应当通过各种手段，尽可能多地把文物信息和研究成果表现出来，让观众看懂。二是铜车马展览必须先让观众明白青铜车马是陪葬用的模型，秦始皇帝乘坐过的实用马车不是青铜材质的马车；三是要在展览中利用复原展品和展板说明反复提醒，铜车马的部件和车上用器都是二分之一缩小品，其古代实用品的材质也不是青铜（图 3-2、图 3-3）。

基于上述经验，我们在展览中多次使用复原展品来表明相关文物的原本结构和材质，在展板说明中经常用到"是古代实物的二分之一大小"。铜索形器的展览就是其中一例。索形器的"身材"不大，器身纹饰不够清晰，解决的方法是用分段特写照片将索形器各部分的纹饰特征展现在版面上，让观众看清楚铜索形器表现的是编织的软索，不是一根平素的"铜条"。同时，又在铜索形器的旁边陈列了一根用细麻绳按照比例放大复原编织的麻编软索。麻编软索的长度和直径是铜索的两倍，麻编软索的拧结组织、编织组织和纹样与铜索表面塑造的纹饰相同。通过特写放大照片和复原重构麻编软索的展示，使观众对铜

图3-2　铜索形器（左）
图3-3　铜索形器与复原麻编软索对比陈列（右）

索形器有了清晰的认识。

　　铜车马博物馆的陈列品，应当以实验考古理念复原重构铜车马的部件和器物，这是我追求的美好目标。在依据铜索形器复原编织麻编软索的过程中，我就是按照实验考古理念做的。我向承担展览制作的公司提出，必须寻找一位有丰富编织经验的技师来完成这项工作。他们确实找到了一位心灵手巧的技师，铜车马复原重构中的皮条缠扎捆绑和其他编织工艺都是这位技师完成的。他们把铜车马铜索形器的照片和考古线图提供给师傅，师傅花了一周时间一边琢磨一边进行了实验编织，尝试了五六种方法，但编织出来的麻索始终不能达到铜索呈现的结构和形态。展览制作公司的人员将他们认为编织得比较好的三件实验品拿给我看，我仔细观察这三件实验品，发现其中的两件是通过在扭结编织体内塞入木棍让麻编软索增粗的，这样做肯定不符合再现古代实物的复原重构的理念。我通过微信向编织师傅询问编织技法，讨论不成功的原因，也从中悟到编织方法上存在问题，但却无法具体指出问题出在哪里。回家后，我把三件实验品摆在茶几上，有空就看一眼，猛然间从博古架上的唐三彩马想到马鞭，接着又想起了马鞭的皮条编绳和用皮条编结的手柄，如何编织麻质软索的灵感瞬间跃入大脑。第二天早上，我打电话给编织师傅，告诉他我的编织想法：先用麻线线组以包围编织技法编织一根较细的麻绳软索，然后从这根软索的中部开始，在其中半段的外面，再用细麻绳以扭结环绕编织法，作第二层编织，从而形成麻质软索的粗段。打过电话后，我就干其他工作去了。下午，编织师傅的电话打过来了，他高兴地告诉我："按你提供的编织思路，麻质软索编织成功了。"接着，他用微信将编织成功的软索照片发给我看。后来，他又认真仔细地编织了两条软索，供展览选用。

（三）铜车马的铸造和制作工艺

秦陵铜车马之所以被誉为"青铜之冠"，首要因素是铸造工艺复杂、制作技术精湛。两乘车马总重量为 2302 千克，零部件总数超过 6000 件。各种组合器件的组装，采用子母扣加销钉连接、活铰连接、钮环扣接、转轴连接、铆接式连接、套接、卡接等十余种连接方法。铜车马的铸造，使用嵌铸法、包铸法、铸焊法三种工艺，细分则有七八种技法。很多部件使用了锉磨、抛光、钻孔、切削、錾刻、镶嵌、冲凿、钳工装配等加工工艺。结构复杂、制作工艺高超的秦陵铜车马，集中展现了秦代冶金铸造技术和机械加工技术的超凡成就，是研究中国古代科技的经典范例。

铜车马博物馆展览如何将铸造工艺和制作技术展示给观众，却成了策展团队遇到的难题。铜车马作为青铜铸造车马模型，复杂的铸造工艺蕴含在青铜铸件之中，我们能够用语言文字把铸造工艺的难度和技巧描述得很细致、很精彩，却很难用陈列手段把它们呈现出来。我们曾经想到用多媒体影像来诠释铜车马的铸造工艺，但是很快就放弃了。原因有二：一是铜车马考古清理和修复过程中拍摄的影像资料很少，并且缺乏反映铸造工艺和铸造结构痕迹的细节图像。二是文博界多数人反对采用推测构想的工艺技术演示古代的制造过程，因为我们对古代工艺技术的认识还没有到能够完全把控准确性的程度。更为关键的问题是，学术界对铜车马的铸造方法尚有范铸法与失蜡法之争。作为主要策展人，我提出展览内容以铜车马考古清理和修复时拍摄的有关铸造迹象、焊铸铜液疤痕、断裂茬口、空心铸件包含的范芯的照片，以及表现铸造结构的考古线图为主，加上文字说明和"铜车马主要青铜部件材质分析表"，应该能够将铜车马的铸造工艺讲清楚。展览版面内容解决了，展柜中还缺少相应的展品。陈列部副主任叶晔提出，可采用与其他小单元相同的手法，陈列一些反映铸造工艺的复制展品。策展团队成员都表示同意。

　　铜车马的制作技术让世人赞叹，是媒体宣传的热点。反映制作技术高超的主要"成果"是铜车马中的马具马饰和各种绳带。因此，我们在展览中把铜车马的"制作技术"单元分为"金银马勒的结构和制作"和"绳带类鞁具的制作"两个小单元。

　　马勒是马络头的本名，属于羁马控马的鞁具。马勒的主要组件有笼络马头的络带、节制约束络带交接处的节约、勒逼马口的铜衔、威逼马脸的镳。少数骖马的马勒还有贯穿马口的橛。铜车马的马勒用金、银、铜三种材料制作，构造极其奢华、精美。勒带由外包金、银扁管的短铜节以子母口对接的方式连接而成，金、银管与内部的铜条结合紧密，节与节之间严密合缝。金、银管是络带的装饰，内部的铜条象征皮条络带。马额处的金当卢和勒带交接处的金泡与银泡，正面以精美的纹饰作为马勒的装饰，背面铸出交叉的勒带和鼻钮，呈现出马勒"节约"的形制和状态。一套马勒的零构件多达近 200 件，制作工序繁复，加工难度很大。

　　"金银马勒的结构和制作"单元，展品为一套精心复制的骖马马勒（络头）和一件马勒半成品复制件。成套的马勒装在一个复原的马头上展示，半成品马勒则以展开的状态摆放在展台上。在展板内容的选择和编排上，策展人相当用心。首先是对马勒结构的解析，主要是用特写照片展示金银勒带的拼接和马勒各部位的连接关系，让观众看清金银马勒的结构细节。因为，从戴在马头上的马勒中看不到金银马勒的具体结构，特别是看不到金银马勒背面的结构。接下来，策展人又给观众介绍了一个以往被人们忽视的亮点。考古清理和修复铜车马过程中，人们在车的多个部件尤其是马勒和绳带类鞁具上，发现朱书、墨书或刻画文字共50处，计108字。这些文字以编号为主，少数与车马器具名称有关。编号的作用是标注零配件或马的位置，以方便组合安装。其中与车马名称有关的文字最值得关注，一是在二号车的一根骖绳末端朱书着"安车第一"四字。"安车"应是秦人对车名的"标注"，"第一"当是骖绳的编号。"安车"二字出现在车的部件上，这就为判断铜车马的属性和名称提供了有力证据。二是在二号车驾马的马勒当卢背面依次刻有"鞁右一""道二""道三""鞁四"，其中"鞁""道"及数字顺序，恰好与骖马和服马的组合排列相同，可能是秦人对骖马和服马的称谓。我们选择了10件具有刻画文字的典型器物的照片，并配上描摹线图和说明，作为金银马勒展示的拓展内容。

古代马车的鞁具多数是皮革制品，秦陵铜车的鞁具除金银配饰外均用青铜制作。青铜制成的鞁具绳带，不仅极力模仿绳带的结构关系和形象状态，更采用不同构造的活动关节和连接方式，来表现绳带的柔软特征。正因为铜车马中的青铜绳带都由长短不一的铜节拼接而成，活动关节多样，连接方式多达10余种，工艺和技术复杂，制作难度极大，所以，我们把"绳带类鞁具的制作"作为展示铜车马制作技术的第二个小单元。由于青铜鞁具珍品都装配在铜车马上，我们只能选用制作最为精致、相似度最高的鞁具复制品作为陈列展品。展品包括骖马靳（靷）、骖马缰、骖马鞁、服马鞁、服马鞅等鞁具，选用的标准是铜节密、关节多、连接方式多、装配工艺复杂。展板上的照片以表现绳带类珍品文物的精美细节、构造特征和多样连接结构为主。为了将不同的绳带关节结构和连接方式展示清楚，又选择了多幅表现相关细节的线图，与照片紧密配合。展板内容与展品相辅相成，将铜车马鞍具绳带的制作工艺和技术解析并呈现给观众。

（四）立车伞盖实物重构与多媒体拆装演示

在第二展厅进口右侧的宽大环廊处，我们安排了一组与铜立车（一号车）伞盖紧密关联的"立车伞盖实物重构与多媒体拆装演示"，用于展示秦陵铜立车以及与之同类的古代立车伞盖的真实结构和可建可拆的巧妙设计。

由于铜立车的伞盖和盖座用青铜制造，又是真实伞盖的二分之一大小，加之盖座上下设置有巧妙的开合锁固机关，因此，个别媒体和导游对铜立车伞盖的解释出现了非常严重的误读、误说。他们给铜伞盖和盖座赋予了六大"神奇"功能，统称为"铜车马伞盖的黑科技"。他们说：铜车马伞盖的盖面能够当作盾牌用；伞盖的盖斗是一件齿轮，具有消减伞盖压力作用；卸掉伞盖盖面，盖杠可以"变身"为长矛；盖杠是中空的，里面能够隐藏一把剑；盖杠底端的 U 形带扣，打开后就变作铜插，可以将卸下的伞盖插在地上当遮阳伞；伞盖建在车上时，打开盖座底部锁固，可以将伞盖倾斜对着太阳的方向，并能根据太阳照射的角度 180 度旋转。可以说，在涉及铜伞盖结构和用法问题上，他们的解释几乎全错了。之所以出现这些错误，主要原因有这么几点：一是思维固定在青铜材质和青铜结构上，完全忽视了青铜模型马车部件与实用马车部件材质的不同，没有思考实用马车的真实材质应该是什么。二是在器型判识中忘记了铜车马是实用马车的二分之一大小。三是片面认识事物，凭想象创编故事。

车上伞盖的出现晚于马车的使用。早期马车经常用于战争和狩猎，因此伞盖并不是车上的固定装置，需要根据马车的使用情况决定伞盖的取舍。所以，伞盖被设计成既可方便、稳定地组建在车上，又能快速拆卸收纳并装载在车上。正是出于这个原因，考古见到的古代车伞盖的盖杠，多数由三节构成，少数由两节构成。三节型盖杠是战国以前马车伞盖的基本形制，两节型盖杠大多是西汉时期伞盖使用的形制。盖杠各节之间以榫卯插接，接荏处使用青铜杠箍做加固处理。战国之前的青铜杠箍，由两组两两契合的短管构成。也就是说，一柄盖杠上的两个拼接口共使用两组共 4 件相互契合的短管。战国中晚期和秦代，铜杠箍演变成两整段铜管，即每处盖杠的拼接口套箍一整段杠箍。秦陵铜立车伞杠上的两段错金银纹饰，所表现的就是套箍在盖杠拼接处的两件错金银纹铜杠箍。西汉时期，由于多数马车盖杠由两节拼接而成，加固盖杠的铜杠箍也就变成一件了。铜立车盖杠下端连接着一个 U 字形带状铜环，铜带环的宽端固定在盖杠底部，收窄变细的一端插入杠脚的孔内。以铜车马对皮带的摹写习惯分析，这个铜带环的实物材质应该是系在杠脚的皮带。

马车伞盖的高度通常在 220 厘米至 250 厘米之间，盖杠被拆分为两段后，长度不超过 130 厘米，正好可以装在车厢内。马车伞盖由盖斗、盖弓、盖弓帽和盖衣（伞布）构成。盖斗呈蘑菇形，周围凿孔用于插装盖弓。盖弓用木棍制作，长度多在 90 厘米至 110 厘米之间，末端安装金属材质的盖弓帽，盖弓帽上有挂装盖衣（伞布）的倒钩。盖衣多为麻布，高等级马车的盖衣用锦帛制作，表面髹漆，用于防水。盖衣以勾挂的方式装在盖弓形成的圆形支架上。从盖斗、盖弓、盖衣的装配方式可知，伞盖也呈现为方便拆装的形制。拆卸下来的盖弓和盖衣经整理后，整体长度不大于 120 厘米，装入车厢不成问题。

车伞盖以何种方式组建在车上，是考古界一直关注的问题。秦陵铜立车上的伞盖是用一架盖座支撑固定的，盖座用青铜铸造，由上下两部分组成。下部为底座，是固定和稳定支撑盖杠的基础；上部为立柱，与底座铸接成一体，起撑扶和夹持盖杠的作用。实用盖座的材质为木质，其大小为在青铜盖座的基础上放大一倍。

　　盖座的底座为十字拱形，由两根粗大的方腿构成。底座中间顺着一条腿的走向凿刻长方形凹槽，用于置入盖杠的杠脚，以限制其活动。在凹槽右侧的座腿中凿有一条横向的暗槽，暗槽内装有一件可左右滑动的曲柄形销键。当把暗槽内的销键曲柄推移至最左端时，销键便从暗槽中伸出，横贯凹槽并插入另一边的销孔中。如此一来，盖杠的杠脚便被销键锁在凹槽的拐角，杠脚的带环也被销键死死压住，盖杠既不能移动，也不易拔脱。当需将盖杠从盖座中卸去时，只需将销键推至暗槽的右端，杠脚的锁固便被解开。

　　盖座的立柱，下端与底座固定，上端内侧装着一个由两个半环构成的环形锁扣。环形锁扣设计极其巧妙，两个半环通过活铰连接，可活动半环与立柱之间形成碰锁式的半自动锁闭机关。立柱顶端的柱体内部，还暗藏着一道与环形锁扣关联的下落锁固、提拉打开式的锁键。关闭环形锁扣时，受到碰锁的推挤，柱顶暗藏的锁键会自动弹起再下落；打开环形锁扣时，则需要动手提起柱顶部安装在下落锁键上的小铜环，进行解锁操作。立柱上部复杂的环锁结构，形成了盖座上又一组方便开合与锁固的精巧装置。

　　底座和立柱上两组锁固装置相互配合，共同组成了能够随意装卸伞盖的组合结构。安装伞盖时，先将底座上的两处机关置于打开状态；置入盖杠后，先关闭立柱上的扣环，再锁闭底座上的销键，伞盖就被固定在盖座之上。因为有粗大的立柱做支撑，立柱上有扣环、底座上有凹槽做上下固定，伞盖便不致歪斜倾倒；而盖杠底部连接的U字形带环，又被底座中推出的销键压定，从而保证了遇到气流和风的张力时，伞盖不致从盖座中拔脱。如出于不同原因需要卸去车盖，只需简单、轻松地打开锁扣，就能非常方便地将伞盖从盖座上取下。

　　之所以做出上述介绍，一是说明考古界对古代马车的伞盖，尤其是对秦陵铜立车的伞盖已有深入的研究，铜车马展览中关于马车伞盖的解构、诠释和多媒体演示，都是基于研究成果而来的。二是希望用基于考古证据的解释，向观众传递正确的信息。三是通过对古代马车伞盖结构的概括介绍，给后面谈论铜车马伞盖的重构复原陈列打下概念基础。

为了将上面谈到的立车伞盖结构以通俗、形象、快捷的方式解读给观众，同时也为了用正确引导的方式让媒体及导游改变以前的错误认知，我们依照立车铜伞盖的形象、结构，结合考古所见的车伞盖实物资料，复原重构了一把木、布材质的实用伞盖，并将伞盖和伞座的精妙结构和安装与拆卸用多媒体画面演示给观众。

复原伞盖尺寸以铜立车伞盖为基准放大一倍。伞盖高 250 厘米，盖面直径 244 厘米。盖杠用优质硬木制作，拼接处采用圆柱形榫卯对接，表面髹深棕色生漆。套在盖杠拼接处的错金银纹铜盖杠箍，专门请青铜文物仿制技师采用错金银工艺制作。伞盖的盖弓本应用木棍制作，考虑到长期展览对复制伞盖盖弓强度的特别要求，我们改用碳纤维材料 3D 打印出所需的盖弓。盖弓帽采用铜铸表面鎏银工艺。研究表明，铜立车伞盖盖衣（伞布）的实物材质应该是布满纹饰的锦帛，但由于复织这种精美的丝织品需要很长的时间周期和很高的经费成本，我们放弃了用实验考古理念复制伞盖的盖衣，选择用细帆布涂色加人工彩绘制作。以铜立车伞盖为原型成功重构复原实物伞盖，看上去古朴、大气。对支撑复原伞盖的盖座，我们采用了虚化处理的方式，即没有使用重构复原件，而是用亚克力材料制作了一架半透明的盖座作为陈列支架，从而使得放大版的复原伞盖实物更显突出（图 3-4）。

在复原伞盖与长桌形的说明展板之间，设置一方形展台，展台上展出一架与铜立车盖座等大的复制青铜盖座。盖座前面的展板上，用局部特写照片和结构分解线图，对青铜盖座的上下两组锁固机关进行图像解构，并用文字对盖座结构做了简要说明。

与复原实物陈列呼应，在复原伞盖展台两侧的墙上又设置了两面大尺寸的液晶显示屏，循环播放用三维数字影像演示的伞盖和盖座结构，盖衣、盖弓和

图3-4 铜立车复原伞盖陈列和多媒体解构演示

盖杠的拆卸与安装，伞盖与盖座的插装、固定与卸取。用三维形象呈现的伞盖、盖座动态解构与拆装画面，让观众对马车伞盖的结构和用法有了更加具象、更加直观的认识。

六、马车重构与复原——实验考古理念在展览中的应用

秦代工匠以极其写实的雕塑手法和超级细腻的描摹刻画，为我们呈现了两种形制的秦代豪华马车形象——秦陵彩绘铜立车和彩绘铜安车。与考古出土的古代马车遗迹相比，秦陵铜车为研究单辕马车结构和驾挽方式提供了诸多重要细节。例如，它让我们看到了舆底皮条编织结构固定方法，看到了马车辕轴与舆底之间的固定方式，看到了伏兔与勾心的结构与装配，看到了承弩器安装的位置和功能，看到了马车辕、衡、轭的缚扎方式，看到了六辔的牵拉关系，等等，多得不胜枚举。因为秦陵铜车马的出现，我们才能够真正把复原古代实用单辕马车作为科研实践项目列入工作日程。然而，铜车马毕竟是用青铜铸造和制作的马车模型，它所能呈现的信息还有较大的局限性。例如，铜车所模拟的马车结构中使用的实际材质，需要根据细腻的形象刻画结合同类考古资料去分析判断。铜车中能够判断实际材料是木结构的部件，其连接关系和榫卯结构需要根据部件用材的大小和考古出土的战国秦汉时期的家具实例，在分析的基础上给出合理的判断。铜车及车上器具表面的彩绘，大多都不是作为明器装饰而出现的，而是代表实际用材的质地、结构和材料自身的纹饰，具体是什么材料，需要根据铜车各部位细腻的外观形状和彩绘纹样特点，进行分析、判别和认定。

要在展览中将青铜模型马车所表现的结构、构造、材料、装饰信息及包含在其中的力学原理和科学成分解读清楚，让观众看明白，最好的方法是将青铜模型还原成实物结构，把重构复原的与之相同的实物马车陈列在展台之上。作为铜车马和古代车马文化的研究者，我认为重构复原秦代马车是相当严肃的事情，主张这种重构复原必须建立在对铜车马有深入研究、对中国古代马车和考古出土的古代家具有全面了解的基础上，同时，需要把它当作一项实验考古项

目去做。为此，我拟定了铜车马展览重构复原展品清单，清单内容包括：重构复原展品的大小、材料、结构、工艺、成品外观质感、实验与制作流程、指导与监督约定、成品审查与验收、技术保密协定等。确定制作公司后，公司安排的项目责任人正好是一位有文物复制基础和爱好古典家具的年轻人。我提出，马车部件的复原制作必须交给一位古典家具技师，同时需要寻找一位熟练的竹藤编织技师。我还给他提供了一份建议阅读的考古资料清单，供他在设计木构的榫卯时参考。

考虑到重构复原展品要在解读古代马车结构时作为分析样品陈列，也考虑到重构复原展品要与铜车马车轮等复制品作对照展览，因此，我们对铜车马的重构复原是把马车拆分为五个组合结构，即轮轴结构、舆底框架结构、车舆（车厢）结构、车舆衣蔽装饰结构和辕衡轭结构。最初还设计有一个马络及马缰重构复原展示，但因为文物条件不允许而放弃。

（一）轮轴的重构复原

轮轴的重构复原，精力都花在车轮上。而车轮的复原制作，重点是轮牙（轮辋）和轮毂。我本人对重构复原车轮的想法是，尊重文献记载和考古所见的遗迹信息，重现古代马车的车轮结构。文献记载和出土马车遗迹检测表明，制作马车车轮的木材通常为榉木（青冈木）、椴木和榆木，制作方选择了榆木。关于轮牙的制作，有两个问题形成了困扰。一是不确定复原车轮的轮牙应该由几段弧形木板构成。考古发现的马车轮牙多数由3段组合而成，也见有由4段、6段构成者。秦兵马俑一号坑出土一件车轮，轮牙分段竟然多达10段。纠结了一段时间后，我们决定轮牙采用3段结构。二是原本希望复原车轮的轮牙采用"煣"制方法弯成弧形，即所谓"煣以为轮"。但几次试验均告失败，只能放弃。

轮毂用一段整木制作，拒绝用两半拼合粘接。贯轴的毂孔（毂穿）凿挖成中间空鼓的壶腔，具体形制为贤端孔大，轵端孔小，腹部内腔空鼓、外形隆起，与文献记载及铜车马轮毂的毂腔一致。《考工记·轮人》把毂腔腹部空鼓称作"薮"。铜车马轮毂的身上刻意铸出 5 组共 13 道凸弦纹，并相间施绘朱色锯齿形纹样。毂身上凸起的弦纹应是对当时流行的车毂加固方式"约轵"的形象摹写，弦纹之间的朱色锯齿纹则是对五彩绘约轵的客观呈现。约轵，也称约毂，指用漆胶和牛筋（生革）缠裹轮毂，对轮毂进行加固，防止开裂。五彩绘毂，古名"篆"，也称夏篆。这种加固轮毂和美化轮毂的方法是春秋时期出现的新工艺，山西太原金胜村晋国赵卿墓、湖北江陵九店东周墓等出土的马车遗迹中都曾见到。我们在根据秦陵铜车车轮重构复原实物轮毂时，将这种轮毂加固工艺以实验考古的理念应用在复原实践中。按照文献记载和考古报告信息，我们先环着轮毂表面刻出一道道浅槽，再在上面涂抹一层黏稠的生漆，然后用细条状生牛革环绕毂身上的刻槽缠扎一层。待生漆干透后，打磨生漆表面使其毛糙，之后再在上面涂一层生漆，同时再用细条牛革环绕毂身缠扎一层，并在牛革层表面再涂一层生漆。待干燥后，我们对近辐条的一段做了打磨抛光处理，而外侧半段保留未打磨原貌。由于我们计划把约轵工艺暴露给观众看，故而没有对轮毂的生漆牛革加固"成果"做彩绘处理。

之所以要耗费精力，以实验考古理念制作实物车轮，目的就是要把古代工匠在车轮制作中关于结构力学的应用和追求呈现给观众看。因此，在铜车马展览中，我们有意把其中一件重构复原的车轮以半成品的状态陈列在展位上，并且把它拆分成两部分展示。为了让观众看到制作完工后成品实物车轮的样貌，我们又在同一板块的展台上陈列了一件彩绘后的木车轮，并与一件复制的青铜车轮作对照展览（图3-5、图3-6）。

图3-5　木质复原车轮结构与拆解式
陈列（上）

图3-6　复原木车轮、复制铜车轮与
车轴的组合装配陈列（下）

（二）车舆结构重构复原

　　按照铜车马形象重构复原秦代车舆，是难度极大的一项综合工程，需要做周密的计划和大量的研究与实验工作。考虑到时间紧、经费有限，策展团队决定只复原立车（一号车）的车舆主体结构，不做包括衣蔽装饰在内的完整复原。

　　考古发现的比较完整的马车遗迹，车舆结构大都比较清晰，但舆底下面辀、轴与舆底框架的固定关系，则出于无法继续取土清理的原因，一直不够明了。文献记载轴与舆底之间垫有伏兔，轴辀之间有勾心，但由于后代文人不知形制与用法，反而越解释越混乱，如清代著名学者阮元在《考工记车制图解》中就把伏兔的形制和固定方式搞错了。铜车马的出土彻底解决了单辀马车舆下辀轴与舆底之间的结构问题。为了展现古代马车舆底与轴辀之间的固定方式和细节结构，我们在车舆之外又专门复原制作了一架表现舆底背面结构的车舆底座。车舆底座由舆底轸框、辀、轴、伏兔、勾心和缚扎固定的皮条构成。舆底的木结构制作乏善可陈，有一定难度的反而是皮条缚扎结构的重构复原。铜车马用浮雕的形象把舆底各处的皮条缚扎结构表现得清晰到位，重构复原的标准是缚扎的结构必须与铜车马雕塑的形象一致，同时要求，一个捆绑点只能用一根皮条缚扎，缚扎捆绑的皮条在反复拧转拉拽之后不会松开（图3-7、图3-8）。舆底用作缚扎固定辀轴的皮条一共5处，负责皮革编织的技师从琢磨结构，到反复实验，再到完成，花费了整整一天时间。

　　秦陵铜立车（一号车）的车舆用青铜铸造，但青铜车舆内外表面的制作颇为繁复，首先用浅浮雕和微凸的线条塑造出车舆的框架、立柱、编轮、屏蔽体、衣蔽装饰等厢体结构和外观形态，再用具有明显特征的彩绘纹饰表现屏蔽体和衣蔽装饰的材质与物品属性。研究者通过对车舆表面浮雕形象及彩绘纹饰的观察，更重要的是依据对考古出土的大量马车资料的研究成果，采用参照、分析、综合研判方法，释读出青铜车舆所要表现的实用马车的真实结构和材质。经过

图3-7　铜立车车轴与辕及舆底的捆绑关系（上）

图3-8　重构复原的车轴与辕及舆底的皮带捆绑结构（下）

40 年的研究，考古学界已经对秦陵铜立车所模拟的秦代实用马车的结构有了比较清晰和明确的认识，我们对铜立车车舆主体结构的重构复原就是基于已有的研究成果来做的。

古代马车的车舆，实际就是一个木质框架和一些必要的隔挡衬垫，外加与辀、轴的装配固定。古人之所以认为马车制作极其复杂，制作难度很大，发出"一器而工聚焉者，车为多"的感叹，其实是指整辆马车的制造。因为马车的制造除木工外，还包括金、革、漆、篾等多个工种。当然，古人非常注重造车材料的选择、不同部件用料的大小、榫卯结构的配合、结构力学的应用等，所以，看似结构并不复杂的车舆，要想把它制作得既轻便又经久耐用，仍然不是容易的事情。所以，《周礼·考工记》才专设《舆人》一章用来记录造车的技术规范。

重构复原的立车车舆木构框架，依照铜立车呈现的结构制作。榫卯结构参考 1986 年湖北包山 2 号楚墓出土木床。在铜立车车舆底可看到较为粗大的四轸和两根前后向纵桄，在左右轸之间、前后向纵桄之上，还横向支撑着 7 根宽 1.2 厘米、厚度仅为 0.2 厘米的横桄。实用马车的四轸和纵桄是扁方形木构，"身材"很薄的横向支撑条应该是韧性好、不易折断的竹片。铜车舆底框架上有一层铜板，铜板朝上一面布满细密的麻布纹，并涂成白色；舆底朝下一面用浮雕塑造出皮条编织结构。这说明实用车的舆底下面由两层轻质材料构成，下层是革带编织的舆底负载结构，革编舆底之上又铺着一层麻布衬垫。舆底重构复原的难点是紧绷在轸框之间的革带编织结构。观察铜车舆底的塑形，可见环车轸内侧有一圈窄板构成的支撑框，支撑框上铸有一周麦穗状编织纹带，这种麦穗状编织纹带实际是编织舆底的革带在支撑边框上形成的穿连"针脚"。对照可知，铜车舆底所表现的编织结构与明式家具中使用的棕绳编织网格床面类似。由此，我们找到了复原编织革带舆底的技术路径。编织技师根据这种技术路径进行实验编织，只经过一次技术修正便得到了满意的结果（图 3-9、图 3-10）。

观察铜立车厢体外立面的浮雕形象，能够看到清晰的立柱和编簨结构，这

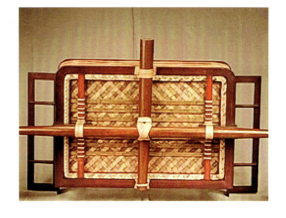

图3-9　用拆解与重构结合的方式
解释古代马车结构（上）
图3-10　重构复原的舆底皮条编织
结构（下）

表明舆底之上的厢体主材是栅栏式围栏。围栏的主体是装在车轸上的立柱和立柱顶上连接的横梁，车厢两侧柱顶的横梁叫輢梁，车厢前部柱顶的横梁叫軓梁。围栏的辅助结构是环绕立柱横向编结的编笭，编笭的材料应该是纤细柔软的藤条或者竹条。在车厢围栏的内侧，还有一层屏蔽结构和一层衣蔽装饰。从车厢外侧可以看到，屏蔽结构用大朵的勾连几何纹表现，其实物材质应该是用细竹篾编织的几何纹席。衣蔽装饰层位于厢体内侧，其实物应该是丝质的带纹样锦帛。正是为了表现这两层结构，铜立车的厢体才被铸造成没有栅栏空隙的薄板状。铜立车车厢前軓后方的两輢之上，架起一道屋脊形的车轼，车轼与前軓之间的空间被一表面彩绘的坡面铜板覆盖。综合分析可知，车轼的实际结构只是一道横跨在车厢两輢之上的门形横梁，铜立车中的屋脊形状态和延伸向前的坡面覆盖，其实际结构是覆盖在车轼横梁上的丝织品衣蔽装饰和掩盖轼前空间的屏蔽装饰。

我们重构复原的立车车舆的厢体，只是车厢的木质结构和编笭，不包含车厢的屏蔽结构和衣蔽装饰层。厢体木结构重构复原的重点，一是用材尺寸的把控，二是榫卯结构的设计，三是力学结构的探索。例如，关于车轼的装配结构就颇费脑筋。由于车轼是供车上人攀扶的受力部件，必须考虑其结构的牢固性。考古发现的春秋战国时期的车轼有三种安装结构：第一种是只把门形车轼两侧的柱体与车厢两輢的立柱分别做两道捆绑固定。第二种是除两侧的捆绑固定外，又在车轼的中部与軓前的车辕之间安装一根 Y 字形支撑、牵拉件。第三种是除两侧捆绑固定外，又在车轼与前軓上部的横梁之间增加了两道支撑、牵拉构件。由于我们在铜立车的车轼中部没看到有支撑结构塑形，所以重构复原车厢时就没有选择后两种方法。又如车厢两輢后端和车门的结构也值得探究。立车后侧开门，门两侧各有一片面积不大的三角形车輢。如果不对车门两旁的两輢末端做加固处理，仅凭輢末端立柱支撑，车輢后部必然支撑不住车上人的依靠。考古发现的马车遗迹的后门两侧，时常能见到形制不同的加固铜构件。秦兵马俑

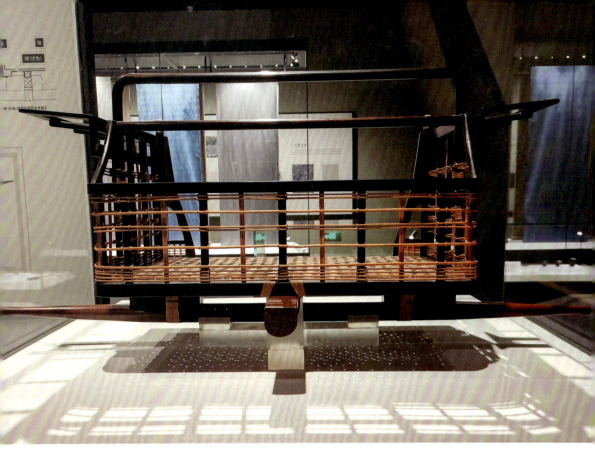

图3-11　重构复原的车舆和车轮结构

二号坑马车车厢残迹的后门处，也曾发现成对的L形铜构件。铜立车后门两侧的轸体塑形中，也可以看到弓背状的粗线条。因此，我们在重构复原立车后门结构时，专门制作了一对弓形铜构件，构件两头砸扁并打孔，一头插入门框下方的轸木，另一头插入车輢末端的立柱，并嵌入销钉固定。两輢末端有了弓形铜构件的加固，便可避免受力后立柱折断而造成车輢倾倒（图3-11）。

　　重构复原的立车车舆是没有屏蔽结构和衣蔽装饰的"裸体"车舆，与铜立车模拟的形象对比，它是一件剔除装饰的"半成品"。然而，这种不加装饰的"裸体"车舆，才是早期马车和古代战车的常规形态。

考古发现的大多数马车按照遗迹复原后，均是那种木结构和竹藤、皮革编织结构裸露的漆木车。极少数观众在参观秦陵铜车马时，误以为铜车马的青铜车舆结构就是秦始皇帝当年乘坐的马车的实际结构；个别影视剧中甚至把秦代战车做成青铜车厢模样，用于冲锋陷阵。我们依照铜立车形制复原制作出木、藤、皮革结构的实物车厢，目的是用重构秦代马车原型的方式，将人们的观展视角从对青铜模型马车的欣赏，延伸到对秦代实用马车结构的审视，加深对秦代物质文化和科技文明的认知。

（三）车舆衣蔽丝织品的复织

研究成果表明，秦陵铜车车舆表面的彩绘分为四种类型：第一种类型是表现木材表面的素色髹漆，如车辕（辀）、车轴、车轮、舆底边框等部位的单色。第二种类型是表现车舆木结构特别部位的髹漆彩绘，如车舆四辌的外立面勾连卷云纹、轮毂部位的几何纹饰等。第三种类型是表现车舆部分屏蔽结构皮革面层的髹漆彩绘，如铜安车（二号车）车舆厢体下半部的宽带状彩绘几何纹、安车厢体辌耳部位的彩绘流云纹等。第四种类型用于表现车舆和车上用品的衣蔽装饰，如铜立车（一号车）和铜安车（二号车）厢体内外两面广泛使用的极具丝织品纹样特征的几何纹和夔纹、车盖内表面变形夔纹等。其中第四种类型的纹样品种多样，分布广泛。

车舆屏蔽结构，是指在车厢柱栏及编笭结构基础上，对厢体轳网结构的屏蔽和遮挡，类似今天在型材框架的一面钉上一张三合板。考古发现的古代马车车厢使用屏蔽结构的不多，已知的车厢的屏蔽材料有木板、竹席、皮革、厚麻布等。车舆衣蔽，是指在车厢柱栏及编笭结构的外部，对车厢的局部或者大部分结构覆盖或者包裹一层有精美纹样的织物，即在马车的木制框架结构外面包裹一层软装饰。古文献中有关于车轸衣蔽装饰的记载。将铜车马车舆内外大面积区域的彩绘认定为丝织衣蔽，是研究者综合各种因素得出的结果。主要论据有：铜车马车舆厢体的轻薄造型和弯曲回折的质感；车厢不同部位刻意用浮雕线条围合的织品包边界域和区域分明、排列规整的纹样布局；车舆结构表面多种彩绘纹样共同呈现出明显的丝织品纹样特征；厢体彩绘多个包边界域使用同一典型丝织品纹样的一致做法；车上部件实际结构能够被认定是织物的直接证据，如车盖的伞面和青铜模拟的舆底软垫；考古发现马车遗迹中所见的织物衣蔽证据；古文献中关于车轸衣蔽装饰的记载；等等。

从能够认定是丝织品衣蔽的铜车马彩绘纹样中，我们选择了六个品种进行丝织品复织实验和作为陈列展品。六种丝织品分别是：根据铜立车车轸顶部衣蔽纹饰复织的"菱形几何纹绒圈锦"；根据铜立车车轸背面衣蔽纹饰复织的"菱花纹锦"；根据铜安车车窗镂空纹复织的"菱纹罗"；根据铜安车车厢衣蔽包边界域纹饰复织的"几何纹绒圈锦"；根据铜安车舆底车荫（软垫）正面纹饰复织的"菱形几何纹锦"；根据铜安车前室内侧衣蔽纹饰复织的"对凤纹经锦"（图 3-12、图 3-13）。

仿古丝绸复织是一项专业性极强的工作，绝非一般丝绸织造厂能够承担。根据之前对仿古丝织品复织的调研，展览制作方决定与中国社会科学院考古研究所的王亚蓉团队合作。由于是根据彩绘纹饰复织相同纹样的丝织品，第一步工作是分析纹样的组织细节，判断颜色的种类和色号。在计算机帮助下，纹样组织细节的分析和筛选比较容易。但是，颜色色号的判断和颜色种类的裁定却成为困扰。颜色难以判断的原因是现在看到的铜车马彩绘已不是当年出土时的鲜艳模样。难以裁定花纹颜色种类的原因更加复杂。王亚蓉老师解释说，考古发现的西汉以前的经锦，花纹颜色大都是两三种，没有超过四种的。而铜车马彩绘纹样使用的颜色，有几个图案都达到五种。在复织的秦代丝织物品中不能出现四种以上颜色的图案，因为那样做违反科学，也违反常理。经过讨论，对于颜色色号问题，我们商定用花纹图案中颜色最重的作为标准色。对于花纹颜色品种"超员"问题，我们决定对同一色系的颜色

图3-12　根据铜车马彩绘纹饰
复织的对凤纹经锦（上）
图3-13　铜安车御官前室车辀
内侧的仿衣蔽彩绘纹饰（下）

做减除色种处理，即把同一复织品花纹中相近的两种颜色按照一种颜色处理，使得一个品种丝织品中的花纹颜色最多不超过四种。在丝织品试织过程中，承担复织品织造任务的技师又发现了一个新问题。由于织造的经锦都是浅色，在织造的过程中多种颜色进行交织，织出来的花纹颜色会发生变化，一是颜色变浅，二是颜色对比度变弱，导致花纹图案不够清晰。参加丝织品复织工作的三方专业技术人员针对遇到的问题进行了分析讨论，提出的改进意见是，增加丝线颜色深度，增加丝线股数（粗度）。工艺改进后再次制造出来的经锦，花纹图案颜色对比度和纹样清晰度有了明显改善。

　　按照秦陵铜车彩绘纹饰复织的丝织品是挂在展柜中展出的，脱离了丝织衣蔽本应依附的马车车厢。为了让观众了解六种丝织品与秦陵铜车衣蔽结构的对位关系，我们在丝织品展柜对面设置了诠释铜车马衣蔽的版面。版面内容解释了为什么铜车马车厢表面纹饰是对马车衣蔽装饰的摹写，并用照片和线图告诉观众六种丝织品所对应的车厢衣蔽的具体部位。

（四）辕（辀）、衡、轭的重构复原

　　对于古代单辕马车辕、衡、轭的形制和结构，考古界的认知是明确的。但在铜车马出土之前，人们对于辕、衡、轭之间的捆绑缚扎的细节却不完全了解。秦陵铜车以细致入微的雕塑形象，将辕、衡、轭之间的捆绑缚扎方式呈现在文博人面前，我们要做的就是在铜车马展览中将这种交织复杂的捆绑结构以重构复原的形式展现给观众。

　　铜车马车衡与车辕的捆绑缚扎，是通过辕端的孔和车衡中间的鼻钮实现牢固捆绑不拔脱移位的。车衡中间的鼻钮古名𫐐。穿过鼻钮铸有一根紧束车衡的粗绳环，束衡绳环的前侧绳头从辕头的上面没入，在辕的背面露出一个象征绳结的蒂结，表

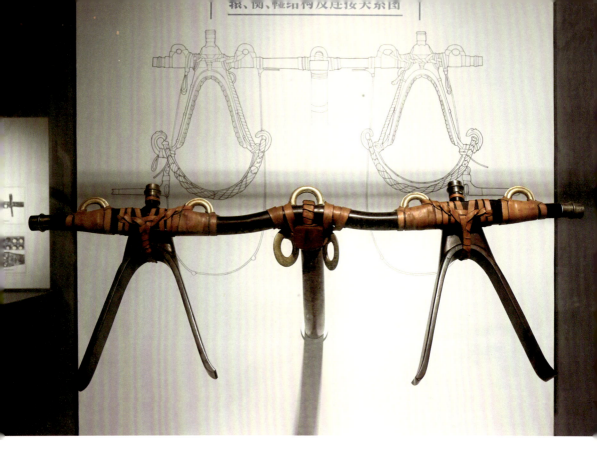

图3-14　重构复原的马车辕、衡、轭结构

明粗绳是穿过辕后打结固定。束衡绳环的另一头则在衡后与辕缠缚固定。同时，在鼻钮两侧的衡身及衡后的辕上，又铸有将两者交叉缠捆的皮条缠扎纹。两组铸纹所表现的衡、辕固定方式是，先用一根纽结的粗皮绳穿过辕头的孔后打结固定，再将绳穿过衡上的银鼻钮后与辕缠缚，从而以粗壮的绳环将衡捆缚于辕端。然后再用皮条从两侧将两者交叉捆绑，以此形成第二道加固。在紧固的绳环和交叉捆缚的皮条之双重束缚下，能够确保衡不脱辕。以皮条捆缚的衡、辕，牢固中带着韧性，可以承受服马拽引的扭力而不致折损。衡中部的银质钮环则起着限制车衡左右滑动的作用，防止因皮条松动和两边受力不均而导致车衡移位（图3-14）。

图3-15　铜车马中用浮雕铸纹呈现的
轭、衡缚扎结构

　　铜车马轭与衡的捆绑缚扎是利用轭颈与衡的十字交叉及衡上的两个辕环达成轭
不左右移动和不致拔脱的。铸塑形象表现的轭与衡的缚扎方法是：用两根扭结的皮
条从轭桥下面的轭体与垫层之间穿过，然后将前后两头均拆分为二，再用四根皮条
分别绕轭两侧的衡身及轭肩的背面交叉缠扎两周，交叉缠扎的同时在衡的正面作横
向牵拉扭结，在轭肩的背面作穿插编结，最后将皮条的绳头穿过内侧的辕环后缩结
（图3-15）。

　　虽然通过观察可以了解衡与辕、轭与衡捆绑缚扎的基本情况，但由于不了解皮
条缚扎的步骤和缠绕的顺序，重构复原衡与辕、轭与衡的捆绑结构仍然极为困难。
根据铜车马的皮条铸纹中出现的绳结，我提出虽然衡与辕、轭与衡捆绑结构相当复
杂，但完成一处捆绑只能使用两根皮条，而且捆绑的结构在反复扭动和拉拽后不得
松开。负责皮革编织与捆绑复原的师傅接受任务十天后，电话告诉我说衡与辕的捆
绑已经做出来了，但轭与衡的捆绑遇到了困难。微信沟通中，我对做出来的衡与辕
的缚扎结构不甚满意，提出了两条具体修改意见。但对轭与衡的捆绑方法，只是指
出师傅缚扎的方法不对，没有给出具体建议。几天后，我和展览制作方代表一同来
到师傅开设的藤艺家具厂，与师傅一起探讨轭与衡的缚扎办法。我们对照图纸和高

图3-16　策展人与制作技师讨论衡与轭的缚扎方式

清照片，一边分析一边试验缚扎，查找存在的问题，探究解决问题的方法，从上午10点一直工作到下午4点（图3-16）。在进行了多种尝试之后，终于理清了皮条缠扎和来回穿行的路径，但仍然未能完成最终的捆绑。告别前，师傅把几种试验缚扎的半成品用手机做了拍照记录，并说找到了皮条穿行的路径，完成轭、衡的缚扎应该没有问题。两天后，展览制作方的代表告诉我，轭与衡的捆绑缚扎成功了，缚扎的皮条结构与铜车马塑造的纹路结构相同。辕、衡、轭重构复原还包括衡、轭上的银质构件的复制和装配，这一点留在下一小节介绍。

（五）车马器的对位与重构陈列

铜车马博物馆第三展厅陈列的车马器全部出土于车马坑发现的两乘木质车马遗迹。木质车马遗迹出现在车马坑的3号耳室，马车的性质、大小与铜车马相同，车马器的门类、形制、材质、大小与铜车马上的相同且对应。将车马坑木车遗迹中出土的车马器与秦陵铜车马一同展览，目的之一是将木车上的车马器与铜车马上装配的车马器进行对照分析，利用两者因依附材质不同而形成的构造差异，诠释并还原秦代实用马车的真实结构，从而达到"据铜车马之形求秦代马车结构之实"的展陈效果。目的之二是丰富并拓展铜车马展览的内容，通过木车遗迹车马器的展示，用真实而精美的文物让观众知道铜车马陪葬坑的丰富内涵，从而对秦始皇帝陵陪葬车马有更宽泛的认识。

　　围绕"据形求实"展览主题，我们在对马车部件进行重构复原陈列的基础上，对铜车马展览车马器的陈列也相应采用了对位和重构的陈列。对位陈列，就是根据铜车马上车马器的装配、使用位置，把木车遗迹中出土的金、银、铜材质的车马器分配到与之适应的展览板块，使它们与重构复原的马车部件和展板介绍的装配位置对位呼应。重构陈列分为两种：一种是将车马器复制品安装在重构复原的马车部件上；另一种是按照车马器原本的组合结构，采用模具陈列或者部分复原编缀陈列。通过对位和重构陈列，观众可以直观地看到车马器与马车结构及驾马的关联关系，知道车马器的功能和用途，从车马器的角度认识古代实用马车的真实情况。同时，由于铜车马展览的车马器陈列模式有别于其他展览中常用的"集合摆放"和"器型对比"陈列模式，也为改善人们对古代车马器的模糊认识提供了帮助。

　　在铜车马展览中，对位陈列应用广泛。实例有：车轴板块中的银軎辖，车舆结构板块中的银柱头帽饰、银泡形车軓饰、梅花形门闩，伞盖板块中的错金银铜杠箍、环形金伞顶饰，服马驾驭板块中的衡末银帽饰、轭首银帽饰、银蝉形轭靷饰，六辔在手板块的兽头形银镳饰，御者荣耀板块的青铜剑等。重构陈列中的安装展示，必备条件是有重构复原的马车部件。实例有：轮轴与银軎辖，银柱头帽饰与车舆立柱，银盖弓帽与伞弓，衡末银帽饰及轭首银帽饰与辕、衡、轭结构等。重构陈列中的模具陈列，实例有青铜车车釭与车毂模型、鞧带、胁驱与车衡。重构陈列中的复原编缀陈列，实例为金银马络组合编缀、金银膺环编缀和金银马缰编缀。需要说明的是，

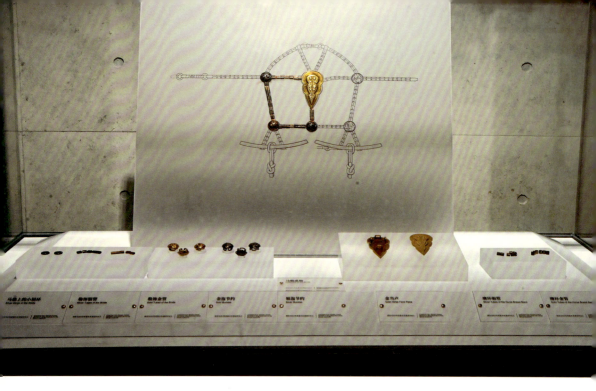

图3-17　金银马络部件的局部对位复原展示

　　根据馆藏文物情况和文物安全的需要，三件按照实物结构编缀的车马器复原展品都采取了半成品加图案补充的陈列模式。以马络为例，为了向观众呈现金银马络的实物结构和面貌，我们把马络头的结构全貌打印在亚克力支架上，然后按照马络的皮条串联与转接关系，在亚克力支架打印的图案上钻孔，再按照马络结构，用粗细适当的皮条对构成马络的金当卢、金泡节约和银泡节约、金银短管，逐一进行穿串、编缀，并用细渔线对各处节点做固定。虽然重构复原的马络结构只是完整马络的三分之一，但是在打印图案的弥补下，仍然达到了展现秦代马络实际材质和编织结构的预期效果（图3-17）。

七、马车结构与驾挽——研究成果在展览中集中呈现

以铜车马为基础，解读并诠释秦代单辕马车的结构和驾挽方式，是铜车马博物馆展览的另一个主题内容。铜车马车舆结构明确、清晰，鞍具完整且装配连接关系明确，为我们了解和考证古代马车的形制、结构和驾挽方式提供了坚实的证据，在中国古代车马研究领域具有里程碑式的意义。铜车马出土40余年来，学术界关于铜车马与车马文化的研究收获了丰富的成果，尤其是关于单辕马车驾挽方式的研究取得了跨越式发展。铜车马展览以文物和重构复原的车马部件为载体，以图文解读和多媒体演示为讲述方式，将有关马车结构与单辕车驾挽方式的研究成果集中呈现给观众。

（一）轮轴结构与力学应用

轮轴系统是车的核心组件，轴两端持轮，轮滚动前行。轮与轴以毂穿贯轴方式套合，轴、毂贯穿套合关系中蕴含着丰富的力学应用，这些力学应用从现在的科学视角看朴实无华，但它们却是古人经过长期实践总结才得出的技术成果。

早期马车轴头和毂穿是直筒形或者是近似直筒形，车轮转动过程中轮毂会在毂端移动，故而轮毂的内端就会与车舆两侧的车軨相互摩擦，影响马车行进。古人称其为"内侵"。为了解决轮毂与车舆的摩擦问题，西周时期曾在车舆与车轮之间的轴上安装一种管形的铜轴饰。大约从西周末年起，古代工匠发明了削轴限毂技术，

即削杀车轴末端，使其由内向外逐渐变细，同时将毂穿也加工成内端粗、外端细的形状，用内粗外细的轴头和毂穿限制轮毂向内侵靠。由于毂穿内端孔径大、外端孔径小，为了不降低轮毂的抗裂强度，古人又将轮毂的形状改成内端粗大、外端收细的壶形，由此便不致降低毂身的厚度和坚固性。轮毂的中部用于凿孔纳辐，考虑到接纳辐条需要足够的毂围直径和抗压强度，又将毂的中部做成显著加粗的鼓腹状。

早期马车大多使用短毂，短毂的特点是毂穿与轴接触面积小，摩擦面积也小，马车运行轻快。缺点是轴毂两者之间的相持距离短，装配持握稳定性差，车行过程中会出现车轮扭动摇摆。古人发现这个问题后便有意增加轮毂的长度，尤其是高等级坐乘马车轮毂的长度增加更为明显。例如，铜车马安车的毂放大为实用车毂后长度达 53.4 厘米，即所谓"畅毂"。"畅"，通"长"，长毂的好处是延长了轮对轴的支撑跨度（即宽度），车行起来会更为平稳。然而，毂长增大又会造成毂轴之间的摩擦面积增大，导致车轮转动阻力变大。古代工匠又找到了新的解决办法，即把毂穿凿成腹部空鼓的壶腔，使毂穿的中段不与车轴接触，以此减少毂穿与轴身的摩擦面积，减小轮毂转动的阻力。毂穿中部的空腔还能够储存较多的润滑脂膏，并使脂膏不易流失损耗，由此可增加脂膏的使用时间，减少投放脂膏的次数。

古代的车毂为木质，产生的问题一是木头的干燥会造成轮毂裂缝；二是行车时的颠簸和歪斜所形成的强大扭力，会通过轮、轴传导给轮毂，从而导致轮毂容易开裂。为了增加轮毂的抗裂强度，西周马车常见用青铜钏、辐加固轮毂。从春秋时期起，人们开始用施涂漆胶和用牛筋作间隔缠扎的方法来强固车毂，然后再经过打磨，毂身上会呈现出一道道凸起的弦棱，这种处理车毂的做法古代称之为"约钏"或"约毂"。山西太原金胜村晋国赵卿墓、湖北江陵九店东周墓、河北平山中山王墓出土的车上，都曾发现约毂的实例。秦陵铜车轮毂上刻意铸有 5 组共 13 道凸弦纹，这应是对当时流行的约毂加固方式的形象呈现。

使用漆胶和牛筋加固的轮毂，表面再施画彩绘，既坚固，又美观。

车轮外周的木构名牙，秦陵铜车的轮牙较薄，牙体截面呈腰鼓形。轮牙适当减薄，可减小车轮与地面的摩擦阻力，让车行走更轻快，也不易沾泥带土。车轮讲究凿（容纳辐条的孔）正、辐直、牙平。铜车轮的30根辐粗细一致，均匀地安装于毂、牙之间。辐条近毂一段体形接近扁平，断面呈细长的枣核形，辐条近牙一段为圆柱体。这是因为轮毂围径有限，将毂端的辐条削薄加宽，既能保证轮辐的强度，又可使30根辐条被毂接纳。轮牙一周相当辽阔，但牙的厚度不大，辐条变身为圆柱体，可在保证支撑强度的同时缩小辐条的体径。辐条在牙毂之间的这种精妙设计，反映出秦代在马车制作技术上的创新性。

学者们通过观察和研究，将古人在马车轮轴制造中应用的结构力学和材料力学思维挖掘出来，我们就有责任把这些研究成果展现给观众。因此，在铜车马展览中，我们专门设置了"载脂载辖：轮轴结构与力学应用"板块，用通俗易懂的解剖式陈列，介绍铜车马车轮及古代车轮中包含的科技元素和考古人的学术成果。具体方法是，用切割的青铜复制车轮展示轮毂剖面解构，用拆解开的木质复原车轮展示轮牙、辐条结构和约毂，用装配成组的车轴和车轮展示轮轴安装关系，用线图和说明文字对车轮结构和力学应用进行注解和释读。为了更形象地诠释漆胶和牛筋约毂技术，我们还精心制作了多媒体视频《约毂》，用动态图像演示了约毂工艺的制作流程。

（二）车舆结构研究成果的呈现

铜车马车舆结构研究不是学术界关注的热点，已有的讨论集中在舆底结构和车舆屏蔽、衣蔽结构等问题上。铜车马展览在解构与诠释车舆结构时，将这两方面的研究成果都作为重点内容予以呈现。

　　马车舆底结构中的轴与车辕及车底框架装配固定、辕与舆底框架的装配固定，既是当年马车制造者必须重点解决的结构问题，也是现今学人重点关注和研究的问题。问题的根源在于，轴和辕都是马车中最关键的负重结构部件，舆底、辕、轴又是上、中、下叠压关系，如何做到辕不从舆底拔脱，舆不与轴轮脱离，怎样让中间支垫着车辕的舆底平稳地坐实在车轴之上。商周马车解决上述三个连带问题的方式，是在辕与轴的交接处、辕与舆底前后軨的交接处凿槽，使槽口互含咬合，再用皮条缚扎捆绑，此做法既消减了车辕垫在轴上的厚度，又能够保证辕不脱舆，舆不脱轴。但是，这样做有一个明显的缺点，就是会严重减弱辕、轴的强度，造成辕、轴断裂。西周晚期的马车出现了在舆底两侧的轴面上加垫伏兔的做法，用伏兔的厚度来解决因车辕在舆底中间支垫而造成的舆底两侧与轴面之间的空隙问题。战国时期马车舆底的伏兔厚度多在8—10厘米，大体与舆下车辕的直径相当，这与《考工记》中记载的"辀当伏兔"吻合。秦陵铜车的伏兔位于舆下两侧的軨、轴之间，形状近似长方体，顺轴安放，顶部为平面，上承舆底；底部有半圆形的凹槽，含轴而夹持之。秦陵铜车之伏兔、轴和舆底的捆绑位置与考古发现的春秋战国时期的马车不同，春秋战国的车是用皮条把轴、伏兔和舆底左右軨木捆绑在一起的，但秦陵铜车的伏兔并没有与軨木捆绑，而是在伏兔伸向舆底内侧一端，用皮条将轴、伏兔捆绑在舆底的纵桄上。值得重视的是，秦陵铜车的伏兔厚度明显大于车辕的直径，使得轴面与车辕之间出现了一个2厘米的缝隙，在这个缝隙之中夹垫着一个垫块。垫块近方形，宽度略大于轴径。上面的凹槽为纵向，用以含辕；下面的凹槽为横向，用来含轴。辕、轴相交处用皮条绕着辕、轴和垫块做捆绑固定。捆绑着的辕、轴从上下两面紧紧夹持着木块，而夹持在辕、轴之间的垫块，又利用上下两面的凹槽分别含咬着车辕和车轴，既形成了对轴、辕的咬合和钳制，也增大了辕、轴交接的结合面积。如此固定的辕、轴，必然能够达到辀不拔脱、轴不自转的目的。垫块位于舆下辕、轴的中心，以上槽勾辕，以下槽勾轴，古人称其为"勾心"。

观察垫块的形状和作用，可知这个垫块是从早期马车在辕、轴交接处凿槽、咬合的结构演变而来，是用来加强辕、轴交接与固定的重要构件。两面有槽的垫块与早期辕、轴刻槽的形制虽然不同，但所采用的"以槽勾连"这一核心技术却异曲同工。铜车马展览中，我们用重构复原的舆底结构和照片、线图及说明，将学术界对铜车马伏兔和勾心的认识介绍给了观众。

考古发现的古代马车车厢有的是栏柱式结构，有的是窗格式结构，有的是木柱加藤围结构，有的是立柱加軨网结构，有的是窗格加局部挡板结构，等等。不同的车厢结构形成的原因，与时代早晚有关，更多是由地域因素造成的。尽管马车车厢的结构和用材不同，但大多数车厢的厢体都是没有屏蔽的通透状态，只在少数马车遗迹中出现竹席、麻布、牛革等屏蔽结构，车厢衣蔽就更为少见。秦陵铜车车厢呈现为被屏蔽结构和衣蔽装饰层包裹的封闭状态，这种被屏蔽和衣蔽严实包裹的豪华马车属于考古所见马车中的特例。两乘铜车的形制和结构不同，屏蔽和衣蔽的使用情况和材料也不一样。铜立车的车厢没有完全覆盖衣蔽，从车厢外立面能够看到车厢的柱栏及编笭结构，还能看到编笭内侧的屏蔽层；厢体内却看不到编笭，只呈现出衣蔽装饰层和盾箙结构；车厢前軓以上到车轼，则表现为被衣蔽层完整覆盖和包裹。铜安车主舆车厢四面围闭，设置窗门。车厢围闭体看上去轻薄柔软，转角折弯弧曲有度。综合多种因素得出的研究结论是，安车主舆的主体支撑结构应该是由立柱和竹藤类编笭构成的轻型軨网结构，軨网的内外两面分别用织物衣蔽覆盖装饰。

古代造车追求能轻则轻，考古发现和文献记载也证明车厢结构很少使用木板，结合铜立车车厢外立面看到的摹写屏蔽结构的彩绘纹饰分析，能够判断出铜立车的车厢屏蔽结构原物应该在竹席和麻布之间选择。秦俑二号坑的马车遗迹中曾经见到髹漆麻布的痕迹，其纹样与铜立车屏蔽结构表面的纹样不同。1966 年湖北江陵沙冢1 号战国墓出土的细竹篾竹席和湖北江陵马山砖厂战国墓出土的竹扇的竹编纹样与铜立车车厢屏蔽结构的纹饰极其相似。因此，基本可以判断出铜立车车厢的衣蔽结构是精编的竹席。

铜车呈现的衣蔽结构和纹饰特征，均将衣蔽的材质指向精美的丝织品。但要做出认定，还需用证据来证明。论证的路径，其一是用考古所见陶俑彩绘服饰纹样作类比，或是用考古发现的战国秦汉时期的丝织品纹样作对比。其二是用车上肯定是丝织品材质的部件作依据。例如，铜立车车轼顶部表现衣蔽结构的彩绘纹饰，与秦俑二号坑出土高级军吏俑铠甲镶边上的纹饰近似，而铠甲镶边可以认定是丝织品材质。铜安车御手座位的覆盖体及右輢内侧的衣蔽层纹样，与上述那件高级军吏俑胸前铠甲装饰层表面的彩绘纹样近似，同时又与1957年湖南长沙左家塘战国楚墓出土的对龙对凤彩条几何纹锦上的纹样十分相似。铜安车多个部位的彩绘衣蔽结构四周边带上的纹样，与长沙左家塘战国楚墓出土的"褐地朱印散点几何纹三色经锦"及长沙马王堆一号汉墓出土的"起毛锦"上的纹样近乎相同。铜安车车厢内侧下部象征衣蔽的彩绘纹饰，与长沙左家塘战国楚墓出土的"褐地红黄色几何纹三色经锦"上的花纹几乎相同。铜安车舆底茵垫中区面料上彩绘纹样，与湖北江陵马山砖厂一号战国墓出土的"大菱形纹经锦"类似。铜车马伞盖的盖衣肯定是织物材质，而盖衣内表面的夔纹与铜安车车厢内侧大面积的纹样接近，说明它们应是同类材料。同时，秦始皇帝陵百戏俑坑出土的一件陶俑的下裳（裙）表面出现了与铜安车车厢外侧大面积纹样非常近似的彩绘纹饰。再具体观察铜安车彩绘夔纹纹样的精美程度，这种精细的纹样只有锦类材质能够做到。以上证据说明，铜车马车厢彩绘纹饰所表现的无疑都是不同种类的丝织品衣蔽。展览中，我们根据铜车马所表现衣蔽纹饰，结合考古出土的实物材料进行分析研判，复织了六种仿古丝织品，使其与车舆重构展品及版面说明配合，立体地诠释了铜车马车舆的秦代实物面貌。

铜车马对古代马车车舆结构逼真、细微的模拟呈现，还为学术界解决了很多过去没搞明白的小问题。例如，前面曾经谈到"承弩器"及其用法，从1972年首次考古发现到1988年铜车马一号车修复，人们一直以为它是安装在弩臂前端的结构件，长期被称作"承弓器"，直到一号铜车马修复展出，承弩器的安装位置和功能才得以被清楚认识和正名。又如，为了方便车上人使用弓弩，在马车（立车）的左侧车輢之外还配备有一件扁方体箭箙，古名矢韇。矢韇上端的口沿通常安装一件扁框形或者下方带锯齿的扁框形装饰，这种装饰件多见于西汉，河北满城汉墓出土了多件，在山东长清汉王墓中也曾见到。在铜车马考古报告出版前，人们把它们称作"方框形器"或者"锯齿形器"，是铜立车上装配的矢韇结构，让人们知道它们应该是马车上的矢韇口沿装饰。关于立车结构的这两个新认识，我们在第二展厅的车载兵器板块也做了介绍。

（三）单辕马车驾挽方式的研究与展示

马车驾挽的鞁具通常是用皮革或麻绳等容易腐朽的材料制作而成的，故而在考古发现的 2000 年前的马车遗迹中很难被保存下来。大约从西周晚期开始，贵族墓随葬的马车大多是马与车分坑埋藏，甚至是拆车埋藏，挽车的鞁具根本就不在随葬的马车中出现。这就导致学术界关于单辕马车驾挽方式的研究长期处在文献资料不足、考古资料严重残缺的状态中。秦陵铜车马的鞁具全部用青铜制作，保存非常完整，装配关系明确，为研究中国单辕马车驾挽方式提供了极其珍贵的资料，使得学术界关于单辕马车驾挽方式的研究迈上了"高速通道"。

单辕马车由两匹服马驾辕控车，辕、衡、轭、靷架构是服马驾车挽车的核心部件。辕后段承舆，前端缚衡系轭驾马，从而将车舆与马连接为一个整体。辕、衡、轭三者之间均用皮条缚扎绑定，紧固中仍可适度转动。长期以来，学术界对于服马驾车是否需要使用靷绳存有争议。有人认为，服马依靠轭、衡、辕组合结构，已足以达成驾辕挽车的目的。其实，在发现铜车马前，服马以轭挽车不用靷绳之说就不成立。单辕马车车辕前段弧弯上扬，辕首和车衡高过马肩，轭位于衡下，服马用肩驾轭挽车。轭的上端缚于衡，下端如果没有被靷绳牵拉，服马以肩顶轭时，轭受力后便会向上翻起。铜车马出土后，人们看到服马挽车确实用轭，但不是学者之前推测的双轭，而是单轭。两服马单轭的前端分别系在马轭内侧轭肢下端的轭鞧上，经由车辕两侧下方向后引拉，至车舆前部转接合并为一根，然后沿着舆下的车辕后引，靷绳终端缚结在舆下的辕、轴相交处。服马使用靷绳有多个好处：其一，由于车辕上扬，与舆底水平线约成30度夹角，而靷绳的缚结处位于辕下的轭脚，从力臂的长度和引拉的角度看，靷绳比辕的力臂更短、引拉的角度更接近水平。所以，靷绳能够承担服马挽车力量的二分之一甚至更多，由此分担了车辕拽车的压力，确保马拉车时车辕不会脱离车厢。其二，如果服马只凭借车辕挽车，上扬的车辕必然造成马挽车的力量被分解为向前的拉力和向上的挑起力，这不仅会导致马力被无谓地消耗，还会导致服马颈部气管受到轭下颈鞅的紧束。轭下端靷绳的使用，让这两方面问题都被化解。其三，轭脚上有了靷绳的牵拉，可有效地防止服马向前用力时马轭向上翻起，使马轭牢靠、踏实地贴靠在马肩部，解决了马车驾挽中服马马轭驾套的不稳定问题。

驷驾马车中处于两侧的马叫骖马，骖马的挽车方式是学术界又一个存在争议的问题。西周以前的驷驾马车，拉车的骖马同样使用马轭挽车。由于在考古出土的春秋之后的马车上看不到骖马拉车的挽具，因此，人们对于春秋之后骖马的挽车方式给出了不同的解释。有人仍然参照考古所见的西周马车骖马的"轭靷"式系驾法进行讨论，也有人参照东汉车马画像中骖马的胸带式挽车法进行推论。铜车马出土后，学者们看到骖马的挽车方式与他们之前的推论都不一样。铜车马的骖马使用的是套环式单靷，靷绳的前部以单带绕接的方式结成套环状，套在骖马的胸部。为了使套环不会在靷绳松弛时移位，又在骖马的腰腹部束有一条腰带，将套环外侧的带子压于腰带之下。靷绳的后段是与前部套环相连的一根单靷，单靷由骖马身体内侧向后延伸，到达车厢底部时先穿过固定在车厢底部前端的铜环，目的是防止靷绳松弛低坠而影响行车；之后与车舆底部平行向后延伸，穿过舆底与车轴之间的缝隙，最终系结于车厢底部接近后轸的纵桄上。骖马使用单靷，既能最大限度地避免出现靷带松弛时羁绊马腿之情况，还可减少因绳带太多造成的相互缠绕，更不会影响靷应有的引拉功能。靷前部的环套将靷的着力点定位在骖马的肩胸处，从而使马的力量能够得到充分利用。靷的末端系结在舆底纵桄的后端，这样做的目的是尽可能地利用舆底框架的整体结构，使骖马挽车的拉力在作用于舆底时，能够由点及面被纵横交错的桄木分散吸收，以保障车舆经久耐用。

铜车马展览用两个小单元，采用最新的研究成果，对单辕马车的服马和骖马的驾挽鞁具和结构进行了先拆解再重构的展陈、解读。所谓先拆解，是指先对服马和骖马的挽具与结构做拆分式介绍。所谓重构，是指对服马和骖马挽具的装配关系和功能作用做重构式还原解读和说明。拆解，偏重对单件鞁具结构、特征、材料的介绍，通过鞁具特写照片、鞁具组件、鞁具结构局部复原展现。重构，偏重对挽具（鞁具）连接关系、组合装配的介绍，通过重构复原的辕、衡、轭组合部件、照片、连接关系示意图等展现。解读说明，主要通过版面文字实现。

（四）单辕马车驾控方式研究成果的呈现

单辕马车的驾控，既是学术界关注的问题，也是观众非常感兴趣的问题。铜马车中有无刹车装置，御手如何使驾车四马步调一致地行动，是观众经常提出的问题。

文献记载和东汉画像石资料表明，汉代以后的双辕车的减速、刹车，是通过环套在马臀部的一条宽带完成的，这条宽带因地域不同被称作鞧、鞦、纣等。西汉以前单辕马车的刹车制动问题既不见于文献记载，当代学者也少有探究。探寻单辕马车刹车制动的路径，依然是根据双辕马车刹车鞧带的装配结构和刹车时做功的方式进行思考。双辕马车由一匹马驾辕控车，驾辕的服马位于两辕之间。靽带作半环形，两头分别固定在两侧车辕的前端，带身由服马臀后绕过。靽带将服马与车辕组合为联动机制。驾车的服马用臀部顶着靽带，利用身体的重量和四蹄蹬地的力量，使车速减缓或者刹停。在铜车马中可以看到两种与服马身体有套连关系的带子，一种是横在服马颌下套连的轭肢上的靬，另一种是绕过服马两腋及腹下的"胁驱吊带"。分析研究后可知，服马的轭靬结构不能用来使马车刹车制动，因为轭靬结构在马肩前的颈项上能够不受限制地移动，遇到下坡车速过快时，在没有其他刹车系统帮助的情况下，如果驾马用放慢脚步或停步的方式执行刹车动作，因惯性继续前行的马车将会推着马轭直接冲击马头。胁驱吊带是两根形状如 U 字形的带子，由于带子的一侧系挂着防止骖马内靠的胁驱，学者们都将其称作胁驱吊带。U 字形带的带底环绕于服马的前腹部，左右两股经马的两胁而上，两端分别系结于马轭两侧的衡上。由中西马车图像资料可知，在中西马车的车辕与服马之间都分别有一根环形的带子，带环底部横经服马腹下和两腋，沿服马两胁而上，两端带头系在轭旁的衡上，这两条带子与铜车马中的"胁驱吊带"的形制及装配关系相同。具体应用实例如埃及图坦卡蒙棺盖绘画中的车马图、埃及拉美西斯二世墓壁画中的马车图、亚述帝国尼姆鲁德王宫壁画中的马车图、陕西定边县郝滩东汉墓壁画车马出行图，以及众多东汉墓画像石中的车马出行图。经过中西马车这一共同驾挽装配系统的对比分析和力学实验考察可知，单辕马车中刹车制动的部件就是绕经服马腹下的那两条带子。U 字形带的上端两头与车衡相系，下边的带环套住马体，带环底部正好卡在服马的腋窝处，从而将服马与车衡套连成密切关联的组合体，使服马身体与衡、辕形成联动。下坡车速过快需要减速，或者行驶途中需要停车时，驾车的服马听到御手口令后放慢脚步或者停步，同时以腋窝卡住环带，用身体的重量拽住车衡，从而达到使车减慢速度或制动停车的目的。这两根上系于衡、下绕服马两腋和腹下的带子，古人称其为鞁。

靷除具有减速、刹车功能外，还有四个重要作用：一是靷带将服马与车的衡、轭束缚为一体，具有稳定马轭装配的作用。靷带半环的长度正好使衡下的轭与马的颈肩紧密贴合，使轭不脱离马肩，不向前移位。二是靷带有防止车辕上扬的作用。在乘者上下车、车行上坡或因道路不平车子颠簸时，服马通过靷带防止车辕上扬，既能保证乘者安全，也能避免轭下的軥束勒马颈。三是靷带有带动马车转向的作用。服马承轭抬衡驾车，由于轭衡连接是用皮条捆绑，在受到侧向力量顶靠时，轭会发生偏转并脱离马肩。所以，仅凭夹在马颈肩上的轭是无法让车转向的。而利用绕在服马胁腹部的靷，则可以轻松带动衡、辕向侧方转动。具体动作是，御手牵拉辔绳并发出转向命令后，服马侧身做转向动作，靷带在马体的拖动下便会带着衡、辕一同转向。四是靷带还是挂装胁驱的吊带，胁驱和缰绳还具有促使四匹马服从命令、一致行动的功能。

御手赶车依靠三种方式：一是拉缰绳；二是喊口令；三是挥马策。古代把缰绳叫辔，赶车驱马用策不用鞭。辔绳是调控和指挥马匹的鞁具，每匹马有两根辔绳，四马驾挽的车共有辔绳八根。《诗经·秦风·小戎》称"四牡孔阜，六辔在手"，《诗经·小雅·车舝》称"四牡骓骓，六辔如琴"，均说四马驾车御者手执六辔。由于四马单辕车早在西汉时期已退出历史舞台，因此上千年来人们一直对四马本应八辔为何六辔在手问题争论不休。人们提出各种猜测，意见相互抵牾。铜车马的出土，使得这一争议问题迎刃而解。

为了将靷带与刹车制动、六辔与御车转向这两项有关马车驾控的研究成果展现给观众，让观众了解2200多年前秦代社会生活状态和物质文明程度，铜车马展览设置了"靷以制动：靷与刹车和控车""六辔在手：四马八辔的连接与操控"两个小单元，在用照片、线图和文字对铜车马驾挽关系解构、解读的基础上，又精心制作了两段形象生动、通俗易懂的多媒体短视频。

《靷与刹车制动》短视频，通过正面、斜侧面、正侧面、局部特写等不同视角，多角度多层次地演示马车刹车过程的慢动作画面。从御手双手拉动辔绳，到车前驾马停止脚步，再到马车惯性前冲，之后是马车衡、轭的前移和鞦带的紧绷，接着是衡、轭的晃动，最后是马车被完全刹停。特别勾勒的鞦带线条，清楚的分解演示和多角度慢放画面，将马车的刹车制动解释得简明而生动。

《六辔在手》短视频，重点演示六辔的连接与持握关系和御手控制马车转向的操控方法。短片在解读御手拉动辔绳、驾马被辔绳牵动后的反应动作时，同样使用了局部特写和慢动作分解的呈现方式。观众通过展览版面了解辔绳在御手手中的分配和辔绳装配、连接的详细情况，通过观看视频知道了六辔与驷驾马车的控御方式。由此便达到了展览的预期目的。

将科研成果应用在陈列展览中是极难的事情，有许多已经形成共识或者形成结论的成果很难在展览中呈现出来，如对铜车马属性的解读、对铜车马铸造工艺的展示、对铜车马彩绘技法的展示、对铜车马修复技术的展示等。有些科研成果虽然在展览中得以体现，但我们总觉得不够完美。例如，立车伞盖的复原重构中对盖衣表面颜色的选择有猜测的成分；呈现车舆衣蔽的丝织品复织没有按照设想由人工用传统工艺复织。

还有，铜车马陈列中的马车复原展品，是经过探索、研究和多次实验才制作出来的，应该将它们整合后，制作出与秦始皇帝出巡实用马车相同的原尺寸马车，陈列在铜车马第三展厅，作为"据形求实"重构秦代马车的完美总结。

总体看，我们的展览有遗憾，但更多的是成功。我们突出了秦陵铜车马的雍容华贵，解读了铜车马为什么被誉为"青铜之冠"。我们以科学解读、形象重构、通俗演示、简明诠释的陈列，做到了对秦陵铜车马的解构式展示和详细解说，实现了对古代单辕马车驾挽方式的通俗解读和形象呈现。我们以不同形式，将秦代工匠的高超技艺和现代考古及文物修复工作者的严谨求实、攻坚克难精神展现给观众。我们完成了做好铜车马展览、讲好古代科技与文化故事的任务。

八、空间叙事——为铜车马量身定制的博物馆

　　秦始皇帝陵铜车马博物馆建筑的一个重要特点就是延展了文物展陈的边界，从外部环境到内部空间，包括对展览路径的谋划都不同寻常，这种建筑的独特性，来自秦始皇帝陵的独一无二。围绕博物馆的主题和场地条件特殊性所做的有针对性的设计和多层面的关联思考，对建筑设计者来说是一次珍贵和令人兴奋的实践体验。

　　关于遗址保护的理念和原则，文博和遗产等学界已经多有共识。为了有效分流在秦始皇兵马俑馆区和展厅的大量观众，相关的规划文件要求在秦始皇帝陵封土西南方向、内外垣墙之间原岳沟村的沟底，建设一座专门展示秦陵铜车马的博物馆，设计任务中包括要建设 8000 平方米规模的地下一层建筑，高度不能超过周边沟顶坎壁上平，屋顶覆土且"（建筑）材料选择既要与遗存本体有可识别性差异，又须与环境和谐"、"博物馆建筑应隐于陵区内，不对陵区的整体风貌产生影响"等明确要求。

　　经过梳理任务书，归纳出建筑设计的三项艰巨工作，也是三个巨大的问号：新建博物馆规模仅有 8000 平方米（展厅面积约为建筑规模的一半），如何才能保证日均达两万人以上参观者的有序、安全观展？两件国宝级的文物精美绝伦，应当为其配置怎样的展示空间才能尽精微地将其华美呈现出来？当然还有，在这敏感的遗址保护核心区域内，又应当怎样处理新建筑造型，才能算是恰当应对陵寝区独特的历史环境格局？除了具体的设计任务之外，应当如何判断号称"青铜之冠"的彩绘铜车马的价值，应当如何在整个帝陵遗址区中定位铜车马博物馆，才有助于公众去理解秦始皇帝的历史功绩？

　　建筑设计着力打造博物馆的合理参观路径，精心布局博物馆入口和出口位置的距离、方向，尽一切可能将上述的大景观纳入整个建筑设计的空间叙事脉络之

中。通过建筑和景观界面的裁剪导向，对行进中的参观者的视线进行主动的引导控制，从地面坡道下行入馆的路径朝向南侧数里外的骊山，出馆的上行坡道面对东北侧仅 200 多米远的几何形封土，这样在博物馆与封土和骊山之间建立起直观的视觉与心理的关联。

设计任务要求博物馆为埋地的地下一层建筑，高度不能明显高于岳沟坎壁顶，但为了获得通高空间，建筑设计方只能在保持建筑屋顶高度不变的前提下，将建筑中部的核心展厅位置继续向地下深挖。好在岳沟本身是历史上的洪水冲沟，沟内已无埋藏有文物的可能，后来施工之前的考古试探也证明了这一点。

为了获得净高 8—9 米的空间，建筑还需消化 2 米左右的大跨结构高度，这使得核心展厅室内地面的标高要比室外内垣处的入口地面低约 12 米！从地面下到 12 米深，最后还要再回到地面，这会给参观者带来很大的步行负担。对此建筑设计方依据人体工学原理进行了细致分析，对整个进出馆参观的通行路径、每一段路径的长度及其高度变化等均进行了计算（初步的计算在制定投标方案阶段就已经做出，以确保设计思路的技术可行性）。技术成果支持了这一计划，通行长度和高差变化问题通过路径的精心组织同时得到了解决，并且得到了几个意外之喜：进馆前与出馆后的馆外坡道，为行程中建立与骊山和帝陵封土关联的视线控制提供了绝佳机会，这一行程也为游客的心理准备与过渡提供了必要的时长，为展示主题的逐渐揭示做了巧妙的铺垫，这是空间叙事的典型直观的范例。

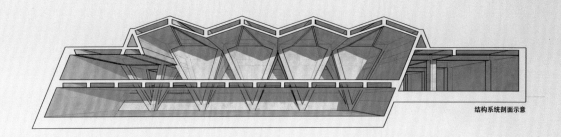

结构系统剖面示意

图3-18 核心展厅空间纵剖面示意

（一）核心展厅的类型处理

东西方古代建筑的形制差异很大，尤其是宗教建筑的空间类型差异尤为明显，并首先表现在平面与柱网的关系上。简单来说，传统中国建筑均是横向展开，开间大进深小，空间的秩序感不是依赖建筑单体而更多是依赖建筑群组——院落的递进轴线——来实现。建筑单体中跨（明间）最大，至高无上的宝座（宫殿）或神佛像均居中，头顶是向中央攒聚的天花宝顶，在纵横两个方向上看，均是居中为尊。而在西方，以古典时期的神庙和中世纪教堂为例，平面多为纵向发展，即由一端山墙进入，纵深拉长，神像或神龛远远立于神秘幽暗的另一端——与其天国无上荣耀的教义相合，在一个建筑空间内也需要纵向多跨、层层递进来积攒威势。

建筑设计方在核心展厅的间跨设计中，就有意避免传统中式的中央攒聚的单跨顶棚，而采取类似西方的多跨并列顶棚，纵向连续三跨采用尺度相同的四角攒尖（正金字塔形），同时两侧利用"棕型柱"的间距布置4对龛式展位，再一次强化了纵向阵列的秩序感，并与参观者从展厅同一端进出绕行的流线相吻合，上下两层串接路径在避免拥堵、拉长流线（可以同时容纳更多的参观者）的同时，又为引导参观者多次围绕铜车马展柜创造了可能性。这样建筑内部空间界面的塑形与参观路径的组织相互契合，再结合特别的照明控制，共同强化烘托了厅内尊荣而又神秘的肃穆气氛（图3-18）。

图3-19　出馆上行坡道的观封土景框

（二）独特的视觉景框

建筑设计方设计的流线除了在入馆前的下行甬道段增加了饱览骊山的节点外，另一不同寻常的处理是出口处的视线组织。

博物馆出口的位置经过细致考虑的规划设计，尽可能拉开与岳沟东侧坎壁的距离，从建筑的西北角出馆并斜穿出地面，就是为了形成观察封土轮廓的最有利高度角。

出口设计没有采用大众所熟知的风景画类型的矩形框，而是利用出口处斜向挑出的屋檐，与景观导向墙和出口厅地面三个元素，共同构成了非常规的扁狭的三角形景框，去"框"住远景中封土的三角形轮廓（图3-19）。

（三）建筑学本体三策

1.拟形

本设计采用矩形平面有两个理由：一是为了凸显核心展厅的仪式感，矩形平面有助于形成核心展厅的殿堂般的庄重气氛，这成为整体建筑轮廓成型的基础；二是与陵园整体建筑风格相统一，俯瞰整个陵园平面布局，从封土到内外城垣均呈矩形平面。

因此整体建筑平面以及博物馆入口处的门廊都采取了与封土角度一致的矩形平面，如果屋顶轮廓在一定程度上能够被辨识，那么这一大一小两个正方形组合，强有力地减弱了斜向的地面坡道的不稳定感。

2.景观助势

入馆前，内垣纵四路的馆区入口沿坡道逐渐向下，先在南侧栽植较高密度的乔木用以遮挡视线，这样使游客在甬道转折处，能够突然感受到巍峨的骊山远景在瞬间扑面而来。同样的，这一区域顺步行方向的导向墙除了把公众视线引向馆名外，也将休息区、公共卫生间隐藏在墙后，为入馆营造不受干扰的心理过渡空间。

在馆内，从核心展厅到主题展厅之间，经过开敞式的多媒体社教厅一侧的休息区时，观众通过左侧的整面落地窗可以看到岳沟西坎壁的景象，室内空间处理有意压低了此处顶棚的高度和倾斜方向，使公众视线聚焦于坎壁植被，并弱化了外垣顶暴露出来的村落屋顶（未来会在大遗址保护过程中动迁移除）。这是一处难得的令心情平复的场所，对遗址背景有所了解的观众可以对岳沟的来历进行畅想，也可以对刚刚欣赏过铜车马文物的激动心情进行调节。休息区的设计效果再一次表明，景观设计思路对建筑空间的叙事设定有多么大的帮助。

出馆的视觉景象设定前文已有描述，这里再特别说明一下上行甬道右侧的导向

图3-20　中央展厅二层尽显清水混凝土质感

墙，这条百米长（含馆内5米）的逐渐抬升的清水混凝土墙前端是建筑展厅外墙，远端则是完全脱离建筑的景观墙体，它除了凝神聚势、引导游客视线聚焦于封土，其实还遮挡了背后的疏散通道和室外休息区，为出馆后参观者对封土的惊鸿一瞥提供了强有力的空间架构支撑。

3.清水混凝土的时间属性

　　铜车马项目选用了清水混凝土作为内外空间的主导材质——也是建筑主体的唯一材料，正是由于清混墙体的细腻而又沉稳内敛的质感十分契合博物馆的历史主题，同时这种被称为"人造石"的人工胶凝材料具有像石头一样的坚硬程度和很高的耐久、耐候性，其浅淡的表面肌理略微呈现出施工浇筑过程中混凝土成分沉淀凝滞的随机性，有着某种与天然材料相似的沧桑感。更重要的是，材料的整体性远远超越了分块石材堆积（实为干挂）的人工感，连续无缝的整面墙的清水混凝土为历史空间叙事提供了十分重要的纯净、细腻且无干扰的背景（图3-20）。

　　这种材料在由景观墙体构成的前导空间，以及在关键的室内外转换区域——出口和入口区，也充分显示了其控制和影响空间气质的能力，尤其是在核心展厅，倾斜墙面、连跨四角锥顶棚和两侧的龛型四面体清水混凝土界面棱角分明、线条刚毅，配合精心设计的灯光照明，为铜车马创造了恢宏的展示空间，也给观众带来了一种置身其中既有历史暗示又有当代技巧的"熟悉的陌生感"。

九、展览架构与建筑融合——展陈内容的合理分配

　　铜车马博物馆展厅是在从骊山下泄的河流冲沟所形成的洼地上修建的半地下建筑。借用洼地的地势和沟底与土崖的落差，博物馆建筑被设计为北半部为一层、南半部为两层的错层结构。南半部的一层位于地下，实为负一层，是序厅和主展厅之所在；二层实为正一层，楼层中部大范围开放，与负一层主展厅上下贯通，四周为环廊和凹进的开间。从立体空间和视觉感受讲，两层展厅实际是上下贯通的整体。北半部为单层结构，地面与南区建筑的二层（正一层）有1米落差。南北两区之间由长廊和多功能厅连通。建成后的博物馆下沉在原来的河流冲沟中，建筑的屋顶与秦始皇帝陵园地面平齐。屋顶覆土种草，周围种树，使之不影响陵园的环境风貌（图3-21）。

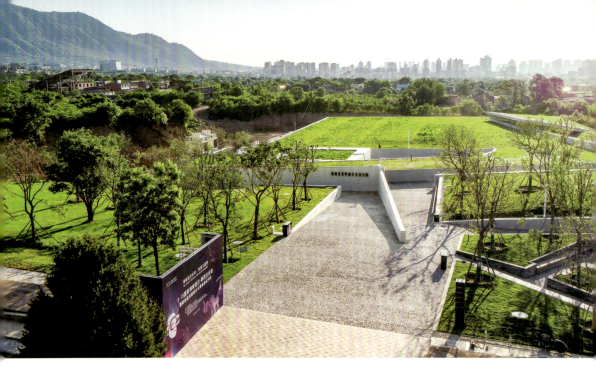

图3-21　铜车马博物馆与周边环境地貌

　　特别的建筑结构和富有艺术特点的建筑造型，形成了独特的展厅布局、迂回曲折的参观路线以及凹凸倾斜的墙体墙面。策展团队在熟悉建筑结构、展厅布局和参观线路的基础上，适时对展览方案做了恰当的调整和增删，对展览内容做了合理的区域划分和布局安排，从而使展览与建筑紧密融合。在方案调整和增删方面，我们放弃了序厅中的"前言"，压缩了主展厅诠释性陈列的内容，将铜立车伞盖的复原陈列从第三展厅调整到第二展厅，丰富了辅助陈列"秦始皇帝五次出巡"的内容等。关于展览内容的划分，我们根据建筑的展厅结构和布局，将展览内容划分为两个大区并合理地分配在四个大小不同的展厅中。序厅，解决展览"开篇"问题。负一层主展厅即第一展厅，展示核心文物秦陵彩绘铜车马，并做适当的解读。主展厅上层的第二展厅，实际与主展厅处于同一立体空间，展览依然紧贴秦陵铜车马展开，展出文物为铜车马上配备的兵器、车上用具、车马器和车马鞁具复制品，展览内容为解读展出文物，诠释铜车马的铸造技术和制作工艺。第三展厅的展览有三个方面内容：第一个内容是根据秦陵铜车马和考古所见的古代马车信息，复原重构秦代马车的结构和驾挽关系，解读古代马车的制作和驾挽方式；第二个内容是讲述铜车马的成功修复；第三个内容是观众体验互动项目。

（一）门厅和下行坡道

门厅面积不足 200 平方米，既是检票、安检的处所，自然也是观众到达博物馆后短暂逗留的地方。门厅的装饰必不可少，对于装饰要求，策展团队的意见是：不能占据空间；不能使用具有故事情节的画面，以免导致观众延长停留时间。设计师给出的初步方案是在墙面装饰与马车相关的浮雕或者壁画图案。经过讨论，最终选定使用青铜浮雕装饰，内容为秦陵彩绘铜立车车轼表面的彩绘几何纹图案。同时，还对门厅的大门进行了改造装饰，在门板正面包贴古铜色铜板，铜板表面腐蚀出与秦陵彩绘铜安车后门门板彩绘纹样相同的浅浮雕图案。将秦陵铜车马彩绘纹样作为装饰元素用在铜车马博物馆门厅的装修中，既典雅又不突兀，起到了秦文化符号点缀和烘托氛围的作用。

下行坡道是从门厅到博物馆负一层展厅的廊道。廊道的形状与考古现场所见的斜坡门道、墓道相似，观众通过下行廊道进入博物馆展厅，犹如通过陪葬坑一端的斜坡门道进入已经发掘出文物的坑中。这是策展者的感受，应该也是建筑设计者的想法。对于这段下行坡道的装修装饰，最初有两种意见：一种意见是对坡道一侧的墙面采用铜车马上的彩绘图案作分段装饰，这种意见考虑的是这段通道太空旷，需要用具有铜车马元素的装饰营造出即将看到铜车马的氛围。另一种意见是对坡道两侧表面作象征土坑墙壁的土色喷涂处理。这种意见的出发点是通过土色喷涂装饰来强化斜坡通道的类似陪葬坑斜坡门道的形象，将建筑语言的暗示变成明示。后一种意见先被否定，原因是下行通道的右侧墙体背后布排着多条管道，墙体上设置有多个维护检查口，不能做成类似土坑墙壁的实体。接着，前一种意见也被放弃了。现场勘察发现，装修吊顶后的墙面高度不够，加装条形装饰后看上去相当压抑。最终，虽然没有对下行斜坡通道进行装饰，但保留建筑语言的原有的"墓道"式意境，也未尝不是一件好事。

下行坡道末端正面的墙上，是博物馆展览的名称"青铜之冠：秦陵彩绘铜车马"。观众看到展览名称，预示铜车马博物馆的观展进程即将开启。

（二）序厅与开篇

下行坡道右侧是展览的序厅。序厅呈正方形，面积和观展路线均由建筑结构框定。

序厅陈列是整个展览的开篇。序厅的内容和陈列布局，对展览具有引领作用。因此，策展团队就序厅的内容、陈列布局和效果设计等事项有过多次讨论，花了不少心思。陈列方案规划的序厅内容包括："前言""秦始皇帝陵陵园建筑及陪葬坑分布示意图""铜车马坑位置及结构平面图"，展板文字介绍"惊世发现"，展出秦陵铜车马考古发掘照片12—15张。探讨的问题主要为两点：一是序厅是否需要设置"秦始皇帝陵陵园建筑及陪葬坑分布示意图"沙盘，可否将计划在沙盘上呈现的内容放在墙面上，用浮雕地图的方式表现；如果使用沙盘，沙盘应该采用哪种方式呈现。二是序厅展览内容中是否需要一篇导入型或者简介型的"前言"，如果不要，展览如何"开启"。

关于是否需要沙盘的讨论很快就有了定论。现场勘察发现，序厅的建筑层高有限，墙面高度不足以用来挂装规格合适的浮雕始皇帝陵园布局图。这样一来，有关沙盘的讨论迅速由是否需要改变为需要什么样的设计和想要怎样的效果。

　　关于序厅是否需要"前言"的问题，让策展团队纠结了很长时间。使用"前言"是多数展览的惯常做法，它如同大会发言的开场白，抑或是一篇文章的引导辞、一本书的提要。通过"前言"，策展人可以将展览的主题思想和策展主张传递给观众。可是，随着社会经济的发展、网络文化的扩张，以及自媒体的泛滥，"快餐文化"和电子图书改变了人们获取知识和阅读的习惯。同时，快节奏的生活和"打卡"式的观展方式，也与参观博物馆应有的慢节奏、静观赏模式逆向而去。必须承认，展览"前言"的文字通常比较多，在打卡式观展和观众阅读习惯改变的情况下，长篇的展览"前言"已经被观众"绕行"。我本人作为研究秦陵铜车马的学者，经常去之前的铜车马展厅，通过近 20 年的观察，看到进入铜车马展厅的观众极少在之前的展览前言版面前停留。鉴于以上理由，策展团队经过几次讨论后给出的意见是序厅中不出现"前言"，直接以铜车马的"惊世发现"作为展览的开篇。与之呼应的是，展览最后同样以铜车马的成功修复"攻坚克难"作为结束。这种处理手法得到了审评专家的赞同，并付诸实施。从发现发掘到修复展出，有头有尾，有始有终，甚是圆满。

　　序厅中放弃"前言"，让我们对序厅内容与陈列布局的安排游刃有余。不再考虑"前言"的位置，"秦始皇帝陵陵园建筑及陪葬坑分布示意图"模型沙盘被安排在序厅的中央，采用声光电技术强化了沙盘的标识标记和演示效果。秦陵铜车马的发现和发掘照片墙用灯箱点亮并立于两侧。在沙盘对面墙上又悬挂了"铜车马坑位置及结构平面图"和"秦始皇帝陵陵园建筑及陪葬坑分布示意图"，用以更加详细地介绍车马坑的遗址结构。在挑选反映铜车马发掘情况的照片时，我们特意选用了两张具有特殊意义的照片：一张是发现铜车马坑的考古钻探领队程学华先生与主要发掘者同时也是铜车马研究专家袁仲一先生的工作照；另一张照片的右下角是当年考古人驻守车马坑工地时用玉米秸秆搭建的窝棚。选择这两张照片的目的是，表达我们对老一辈考古工作者的敬意，向为中国考古事业做出贡献的老专家表示感谢（图 3-22、图 3-23）。

图3-22　铜车马坑发掘者袁仲一和程学华（左）
图3-23　铜车马坑守护人居住的窝棚与前来围观的群众（右）

（三）核心展示——秦陵铜车马的风采

　　第一展厅是铜车马博物馆的主展厅，位于博物馆的负一层，出序厅左拐即可进入。主展厅面积有 1000 多平方米，展厅中部的主展柜区域地面下沉，顶部贯通上下两层，形成开放空间；左右两侧墙体随建筑结构造型而形成两个门洞和六个凹进的小龛；右侧墙体两个门洞位置的后面，有一间呈方形的耳室（厢房）；主展柜区域的后面有一堵挡墙，挡墙两侧是进入展厅下沉区域的出入口。主展厅是博物馆建筑设计者专为展览两乘大型彩绘铜车马设计的，仅从展厅地面的高低错落和中区的贯通空间，就可看出设计者的良苦用心。

1.关注主展柜设计细节

两乘彩绘铜车马作为博物馆的核心文物，陈列在主展厅中心位置，一前一后分作两个独立的展柜陈列。展柜设计和制作、防震底座的使用、文物保护措施的应用、灯光布置和光效设定都十分用心，展柜顶部空间的虚实处理和多媒体光影动画效果也很是出彩。这些有关展览设计和文物保护方面的工作，后面会有专文叙述。作为策展团队中的铜车马研究者和长期观察者，我全程参与了铜车马主展柜的设计过程。我特别关注和不断强调展柜结构的安全和柜内小环境的控制，支持采用惰性气体置换的方法降低柜内湿度并保持柜内空气质量，因为我非常清楚有害气体和高湿度对青铜器尤其是青铜表面彩绘的伤害。让观众看清铜车马的结构和彩绘细节，是陈列方案提出的宗旨之一。因此，观赏效果是我重点关注的另一个问题。凭借多年观察和观赏铜车马的经验，我对铜车马展柜的尺寸和灯光布置提出了一揽子建议。例如，展台高度应该在 85—90 厘米，因为观赏铜车马的最佳视角是人的眼睛与铜马的眼睛大致平齐；展柜前侧玻璃与马头之间的距离应为 80—90 厘米，展柜两侧玻璃与马头外侧之间的距离应为 60 厘米左右。如果展柜玻璃与文物距离过大，便超过了人们在观赏文物细节时审视距离的适度范围，影响观赏的清晰度。这是现场随访调查得出的结论。又如，秦陵铜车马车厢内外都有精美的彩绘纹饰，由于外部的灯光无法将车厢内侧照亮，观众就无法看到车内的彩绘纹饰。还有，车厢底部结构和马腹以下的挽具连接关系，是了解马车构造和马车驾挽的重要组件，这些部位也是柜顶灯光照射的盲区。这次设计展台展柜时，我不仅强调和解释了采用合适灯光照亮车厢内部、车厢底部和铜马腹下的必要性，还提出了如何利用车轴支撑、车底构造以及展台周边走线布灯等详细建议。值得高兴的是，上述建议在铜车马展柜设计和铜车马展览中都得到了落实。

2.辅助展览与点题式解读

　　做好核心文物的展示，是主展厅展览工作的基础。解读秦陵铜车马，让观众了解秦陵铜车马丰富的文化和科技内涵，也是博物馆展览的本职责任。由于秦陵铜车马是一组知名度极高、文化内涵极为丰富且极具观赏性的文物，因此，主展厅的展览内容紧贴核心文物本身，重点解读秦陵铜车马的性质、属性、车舆形制和雕塑艺术。我们把围绕核心文物的解读内容视为主展厅的辅助展览，辅助展览以点题的方式，解释观众关注的重点问题，引导观众从几个方面去欣赏秦陵铜车马。具体做法是，在主展厅的最前方，即铜车马展柜对面的墙上，设立铜车马展览第一单元的一级版面，版面标题为"雍容华贵：秦陵铜车马的风采"，是对本单元陈列的命题和定位，内容为秦陵彩绘铜车马概括性介绍。在主展厅的两侧，利用建筑结构形成的6个凹龛，设立了6个版面，内容分别是："乘御副车：铜车马的属性""精彩呈现：铜车马的形制与结构""恭谨自信：御官俑的雕塑艺术""神骏强健：铜马的雕塑艺术""华美奢装：铜车马的彩绘纹饰""华美奢装：铜车马的彩绘工艺"。

　　"铜车马的属性"版面，重点说明秦陵铜车马的礼制属性和功能属性。"铜车马的形制与结构"版面，要点是建立两乘铜车马的形制类属概念，点明一号车是古代的立车，二号车是古代的安车，辨识立车与安车在形制和结构上的显著区别。"御官俑的雕塑艺术"和"铜马的雕塑艺术"版面的要点是强调雕塑艺术是秦陵铜车马被誉为"青铜之冠"的重要元素，用照片和文字说明，点出御官俑和铜马雕塑的精彩之处，引导观众鉴赏秦代雕塑的神韵。"铜车马的彩绘纹饰"和"铜车马的彩绘工艺"版面，首先向观众传达铜车马的彩绘不只是陪葬品表面的装饰，更为重要的是对实用马车物质属性、车舆结构和使用材料的描摹、刻画和呈现，提醒观众尤其需要关注彩绘对车厢衣蔽和帷蔽结构层的模拟呈现。其次向观众介绍彩绘颜色和纹饰的种类、彩绘的绘画手法和艺术特点。铜车马的铸造技术和制作工艺及铜车马的车舆结构和驾挽方式，是铜车马展览需要深度剖析和诠释的几大问题，我们把它们分别安排在第二单元（第二展厅）和第三单元（第三展厅）展出。

在铜车马展柜后面的挡墙上，我们特意制作了3幅线图，详细标注了古代马车各个部位、部件、鞍具、马具、马饰的名称，并对名称中的生僻字加注了拼音。古代马车中繁多的名称和不常见的生僻字，既让部分观众平添了几分好奇心，激发了解古代马车的求知欲望，也让更多的观众学习到了古代马车方面的知识。

3.耳室中的铜车马坑复原展示

前边曾提到主展厅右侧有一间长方形的耳室（厢房），虽然最初看图纸时不知这间房间的用途，但在这个位置出现一间耳室确实让我非常高兴。我当即意识到，可以利用这间耳室模拟复原一座出土秦陵铜车马的遗址坑。坑的一半做成秦代埋入铜车马时的结构，即坑底用木板铺地，坑壁用木板砌墙，做成半个木箱（木椁）的状态。坑的另一半模拟考古发掘时的坑壁面貌，做成铜车马出土时的土遗址状态。坑下埋藏一组尚未完全暴露的残破的铜车马（用复制品代替）。我将这个想法说给策展团队，大家都认为这个主意很好。询问设计方后得知这间耳室可以作为陈列使用。这样，在主展厅旁边模拟复原铜车马坑的方案就定下来了。

之所以这么看重模拟复原铜车马坑，是因为这种复原重构式陈列，能够让观众直观地看到当年铜车马坑埋藏的结构和考古发掘后的状态，这种直白的复原形象演示要比用文字描述及讲解员解说好太多。

（四）第二展厅与铜车马本体展示的延续

第二展厅位于第一展厅（主展厅）的上层，由环廊和南北各4个凹进的垛口形开间构成。就立体空间而言，上下两个展厅实际是相互贯通的形态，我们正好利用这种空间一体化格局，将两个展厅的展览内容按照同一个整体去布局。铜车马铸造和制作工艺的解构和解读，铜立车（一号车）上的车载兵器和随同两乘铜车马出土的车马用具的展示和解析，都属于铜车马本体展览的组成部分，我们把这三方面的内容安排在第二展厅展出，是为铜车马本体展览的延续。具体做法是，靠近展厅入口的北侧 4 个开间，安排的展览内容是车载兵器和车马器具陈列。这样做的出发点，是让观众在看过两乘铜车马后，进入第二展厅首先看到与马车直接关联的车载兵器和用具，从而保持观展思绪的连续性。南侧 4 个开间，由东向西的展览内容分别为：铜策及马饰结构与装配方式，金银马勒的结构与制作，绳带类鞁具的制作技术，铜车马的铸造工艺。南边 4 个小单元的内容，主要是对铜车马部件和铸造制作工艺的分析和诠释，展览角度已相对偏向抽象概念。在第二展厅还安排了两个特别展项，一个是立车伞盖实物复原展示与伞盖结构拆解多媒体演示，另一个是铜车马彩绘纹饰高清图像展示。

（五）第三展厅的展览内容与展陈方式

第三展厅位于铜车马博物馆的北半部，展厅相对方正，南北两个开间，中间为一排立柱。根据展览方案，剩余的三个单元内容都安排在这个展览大厅完成。三个单元分别为：展览的第三部分"据形求实：秦陵铜车与秦代马车"，第四部分"攻坚克难：秦陵铜车马的修复"，第五部分"回归秦朝：动手的快乐"。其中，第三部分"据形求实：秦陵铜车与秦代马车"是铜车马展览中份额很大的一个单元，主要内容是，根据秦陵铜车马和考古出土的古代马车资料，结合历史文献，分析并解读秦陵铜车马的结构，以拆分的方式复原重构秦代实物马车的各个部件，重现并诠释古代单辕马车的驾挽方式，展现并宣传古代的科技与文化以及秦人的才能与智慧。这个部分的展览分作 9 个小单元："载脂载辖：轮轴结构与力学应用""返本归真：铜立车车舆结构复原""羽盖华葆：华美的车盖和机关巧妙的盖座""金勒银镳：奢华精致的马具马饰""两服齐首：辕衡轭靷与服马的驾挽方式""两骖雁行：骖马的挽车方式""鞲以制动：鞲与刹车和控车""六辔在手：四马八辔的连接与操控""侍者荣耀：御官的佩剑和佩环"。

　　考虑到第三部分的陈列既要展出很多重构复原的马车构件展品，又要使用多个多媒体播放显示屏，还要对铜车马结构和驾挽方式进行细致的诠释，我提出必须在展柜后面建立大面积的背板，并且所建立的背板必须具备承重功能。因为，在我对展陈方式的预想中，有些复原重构的马车部件要挂在展板上，如拆解的车轮；或者是从展板中伸出来，如马车的辕、衡、轭组合。对用来诠释马车驾挽方式的多媒体显示屏，我反对安装在展柜前面的低位，坚持安装在与观众视角平行的柜后展板上。多媒体显示屏装在低位的显著缺点是，它只能选择使用较小的屏幕，且两三名观众就会把屏幕完全挡住。而把多媒体屏幕装在位置较高的地方，优点之一是可以选用较大的屏幕，能够供多人同时观看；优点之二是当人们以平行视角去看动态的马车时，马车带给观众的感受会更加真切。但是，最初由上海中森建筑公司编创的陈列设计方案中，第三展厅的展览基本没有展板和隔断墙，文物用低展柜陈列，复原重构展品用展台陈列，多媒体演示屏幕被安排在展柜前面，高度仅及人的腰部。后来，在制定展览制作工程采购标书和签订合同时，秦陵博物院均将提升和改造陈列设计作为条件列入合同之中。展览制作实施过程中，策展团队中的设计师张升和制作方采纳了我的建议，在展厅中加装了用型材制作的栅栏式隔断，又利用隔断墙安装了展板，从而解决了复原展品挂装式展览、多媒体显示屏安装的问题，也解决了图片与说明文字的版面安排问题。

（六）内容拓展与秦始皇帝五次出巡

　　既然秦陵铜车马象征秦始皇帝乘舆车队中的副车，观众看展的话题自然就会涉及秦始皇帝五次出巡，想到秦始皇帝泰山封禅，想到博浪沙遇袭，想到寻求长生不死仙药，想到病死沙丘秘不发丧。因此，在拟定陈列大纲的时候，我就想着如果条件许可，一定要把秦始皇帝五次出巡路线图和与之相关的故事作为拓展内容加入展览内容中。拿到博物馆建筑平面图之后，我最初的想法是，以制作"秦始皇帝五次出巡路线图"并添加事件和故事名称的形式，将始皇帝五次出巡在展板上表现出来就行，至于出行途中发生的事件和故事，留给讲解员自己去发挥。"出巡路线图"版面的位置初步选在第一展厅主展柜后面的挡墙上。在一次实地勘察展厅结构之后，策展团队的一位同事提出建议，在第二展厅通向第三展厅的通道中间，有一处供观众休息的宽敞明亮的廊厅，可以把关于秦始皇帝五次出巡的拓展内容设置在休息厅的墙面上。在场的几位都认为这个位置很好。有人说，"秦始皇帝五次出巡"不属于铜车马本身的内容，不太适宜放在展线中间展出，这处休息区正好位于展厅之外，作为拓展内容展览场地极好。又有人说，"秦始皇帝五次出巡"设在这个休息区，观众正好利用观展的间歇时间，了解秦始皇帝出巡所经过的地方，了解秦始皇帝出巡途中的故事。随着讨论的深入，好点子便被激发出来了。陈列部副主任叶晔提议，休息厅过廊那堵墙面积较大，我们应该把秦始皇帝出巡途中所遇的事件和故事写出来，放在触摸屏幕上，让观众可以根据自己的兴趣点开阅读。设计师张升又提出，只有文字说明太单调，可以把事件和故事情景画出来，与文字配合，这样既美化了形式，又增添了观众阅读故事的兴趣。

　　最终，"秦始皇帝五次出巡路线图"及"秦始皇帝出巡轶事"被安排在第二展厅与第三展厅之间的休息厅背后的墙面上。路线图用铜板腐蚀制作，图上用不同颜色勾画出五次出巡的路线，用不同字体标注与内容相关的秦代郡县名

称及山川、河流名称，用特殊专门标识标注秦始皇帝出巡途中发生的事件和故事名
称。在路线图的两旁各设一块触摸屏幕，内置 13 个与始皇帝出巡有关事件和故事
的简要介绍，每个事件和故事均配描写情节的精美绘画一幅。

十、尽精微而致广大——设计思路与展陈空间

　　刚接到这个展览设计任务时，设计团队的心里的确是很茫然的，完全没有头绪。
因为这个展览不同于其他博物馆的常规类型的文物展，既不是按时间顺序展开，也
不是按照展品类型划分，最大的问题是展品的数量，主要展品只有两乘铜车马。所
以这个展览怎么做才能做好，实话说当时的心理压力还是蛮大的。
　　"一件文物，一个馆"既是铜车马博物馆的特点，也是铜车马博物馆陈列设计
上的难点。铜车马博物馆是一座隐匿于秦始皇帝陵西南侧冲沟内的覆土式建筑，室
内挑高的空间，几何形不规则的块面分割，纯粹的混凝土结构与饰面，各个方面都
流露出现代工业文明的秩序感。如何将铜车马的展览展示和透出浓浓工业风的现代
建筑完美地融合，充分展示铜车马在历史、科学、艺术等方面的价值，如何将设计
上的难点变为优点，更好地展示秦陵铜车马的风采及秦代的车马文化，是我们策展
团队面临的一个重要的挑战。
　　整个铜车马博物馆约 8000 平方米的建筑面积，约 3800 平方米的展陈面积，
重点服务于两件核心文物。在这几千平方米的展厅讲好这两件核心文物的故事对于
我们这个团队来说既是一个考验，也是一次挑战。从展览的体系结构上的突破到内

容文字上的精练，从展陈思路的设计到展陈方式的呈现，每一步的迈出都要经过深思熟虑，反复商榷，几易其稿，最终落地。我们整个团队的每一位都付出了辛勤的汗水和心血。

我们根据展馆现有建筑结构及铜车马文物的"独一性"的特点，最终决定采取"放大镜"式设计思路，"尽精微而致广大"，以两乘大型秦陵彩绘铜车马为核心，多角度、深层次、全方位、多元化地对其进行解构式陈列和重构式展示。

展览以大观小，小中见大，通过大量精美的图片、凝练的文字、单独展示的兵器及车马器等对铜车马本体元素进行解构式陈列，同时通过大量的复原品、复制品的制作，模拟场景的还原和多媒体技术的运用等多种方式对铜车马本体元素及由此引出的秦代马车和秦代车马文化进行展示和解读。

（一）空间规划

空间规划与流线设计是一个博物馆陈列展览形式设计最基本的两个要素。展览空间规划的设计过程就是展示内容与建筑空间结合的过程，展示内容上的空间规划要与建筑设计的空间相互结合、互相呼应、互为补充、相得益彰，形成一个展览展示的有机整体。

考虑到建筑空间内的基本条件，以建筑结构体系来构筑空间形态，结合展览内容对展览空间布局进行分配及优化。铜车马博物馆按建筑结构分为上下两层，按照展陈的逻辑顺序分为序厅、负一层主展厅（以下简称第一展厅）、一层主展厅（以下简称第二展厅）、一层综合陈列厅（以下简称第三展厅）等四个展厅、五个部分（图3-24）。

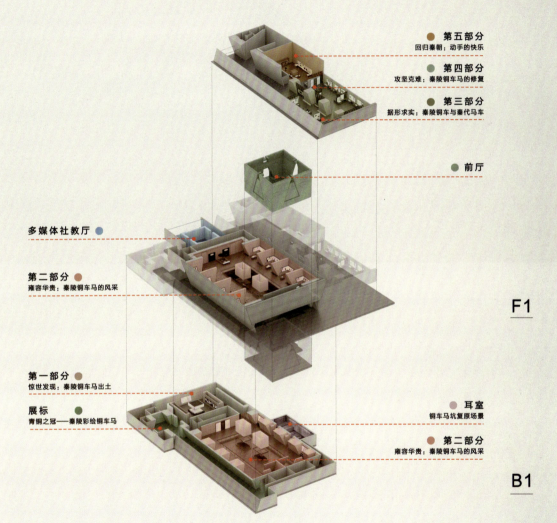

第五部分
回归秦朝：动手的快乐

第四部分
攻坚克难：秦陵铜车马的修复

第三部分
据形求实：秦陵铜车与秦代马车

前厅

多媒体社教厅

第二部分
雍容华贵：秦陵铜车马的风采

F1

第一部分
惊世发现：秦陵铜车马出土

展标
青铜之冠——秦陵彩绘铜车马

耳室
铜车马坑复原场景

第二部分
雍容华贵：秦陵铜车马的风采

B1

图3-24　铜车马展厅空间布局

图3-25　序厅空间

　　序厅是一个展览的前奏，它的空间功能是主题引导与空间过渡。作为一个展览的过渡空间，序厅要在一个固定面积的区域内承载更多远超于该空间本身的信息及任务。我们根据现场环境、结构、层高、光线等基础条件在序厅这个相对低矮的矩形空间设置了中岛式沙盘（秦始皇帝陵重要遗址沙盘），和两侧定制的高清灯箱（铜车马发掘的历史资料照片）相结合，表现了铜车马遗址坑在陵园内的具体位置及形制，再现了两乘铜车马发掘之初的历史景象，成功地激发了观众急切地想要一睹铜车马真实风采的心理欲望（图3-25）。

　　主展区是整个博物馆建筑的核心展区，空间结构上包含负一层展区（第一展厅）和一层环廊展区（第二展厅），整个核心展区重点展示两乘大型彩绘铜车马。在空间处理上，我们采用了"糖葫芦"式的设计思路，在铜车马主展柜上方位置巧妙地运用灯罩造型自上而下地穿过一层中空区域，将第一展厅和第二展厅

图3-26 核心展区空间

两个空间有机地连接起来，形成一个整体的展示空间，做到视觉感官上的贯通，形式设计上的"意连形不连"。在第一展厅中间的下沉空间，中心位置便是玻璃展柜内两乘距今2200多年、焕发新貌的彩绘铜车马。位于两个铜车马主展柜上方的灯罩既是铜车马的主照明系统，也是多媒体投影系统，投影复原铜车马动态影像（一号车以线条的形式展示、二号车以粒子的形式展示），有意识地将动态铜车马运动的方向与观众参观的方向都设置成顺时针方向，起到了间接的参观引导作用。

　　这样的空间设计既解决了灯罩通天彻地的视觉冲撞的问题，增加了展陈的趣味性、观赏性，同时又能跟下方的静态铜车马形成一静一动、一虚一实的对比关系，做到"让文物活起来"，给观众带来视觉的震撼和感觉的穿越（图3-26）。

　　第一展厅左侧耳室的矩形空间设置了铜车马坑模拟复原场景，通过对铜车马发掘艺术场景的再造，结合多媒体投影，配合音效，生动地模拟还原了两乘铜车马的

图3-27　铜车马坑模拟复原场景

发掘过程，跟外面空间的两乘真实展示的铜车马形成模拟与真实、残破与完整、古代与今天的对比。这既能体现古代劳动人民的智慧与创造，亦能体现当代考古工作者及文物修复工作者的艰辛与努力。这个空间场景的设置，使观众既有身临其境的即视感，增加观众的参观兴趣，又能让观众从欣赏铜车马精彩绝伦的"物"之美升华到感受文物修复工作者攻坚克难的"人"之美（图3-27）。

　　主展区与第三展厅之间以多媒体社教厅及西侧走廊空间作为参观的缓冲区及观众休息区，在空间利用上起到了舒缓节奏、承上启下、连接过渡的作用。观众行至西侧走廊空间，远眺可以欣赏陵区岳沟的自然美景，调节视疲劳；近观可以了解秦始皇帝五次出巡的历史路线，欣赏配合文字设计的精美的互动插

图3-28 观众休息区

画，完成对铜车马历史信息的知识扩充（图3-28）。

　　第三展厅在整个大的结构上以几根倾斜的梯形立柱作为形式上的分割点，将展厅分为左右两个空间，既相互贯通，实现了空间功能上的完整性，又相对独立，保证了空间展示内容上的逻辑性。我们结合现有建筑结构，摒弃了用传统的轻质隔墙来分割展示空间，充分利用造型格栅和展台展板对空间的自然分割，实现对展示内容、空间功能分区的规划，丰富了展示空间的层次，增强了展示空间的逻辑性和节奏感。将区域空间和展板内容及陈列展台三者完美组合，突出展示内容在空间设计上的灵活占位及展览内容信息的准确传递（图3-29）。

图3-29 第三展厅局部空间

（二）流线设计

流线是指观众在博物馆陈列空间中的参观路线，也称动线。合理的流线设计是连接展陈内容和建筑空间的纽带，建筑流线设计和展陈流线设计的统一是使展陈主题和博物馆建筑完美统一的重要环节。

我们按照现有建筑空间结构结合展览内容，合理地设计参观流线，从前厅经下行坡道至展标部分，从序厅到主展区（第一展厅、第二展厅），经多媒体厅及斜坡道至第三展厅，然后沿上行坡道出展厅，形成一个由远及近、自下而上、盘旋环绕、不走回头路的参观闭环（图3-30）。

在主展区的流线设计上将展示内容与上下两层环廊式的展示空间相结合，运用层层剖析的方式让观众在不断回转上升中从不同的角度欣赏铜车马的科技之美、艺术之美。

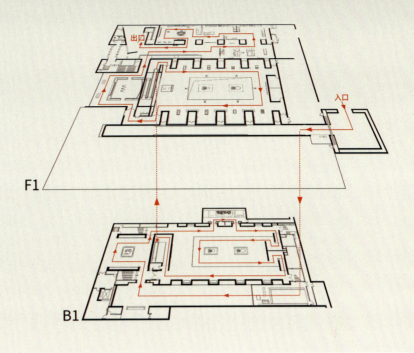

图3-30 参观流线

　　进入第一展厅，观众不仅可站在负一层池厅边沿的扶手外，远观两乘铜车马的全貌，还可以从旁边通道直接走近池厅的铜车马展柜，隔着玻璃近距离观看具体细节。在负一层展厅参观完，可以乘斜坡式自动扶梯上一层进入第二展厅继续参观。而进入第二展厅之后，还可以从上向下俯视两乘铜车马。虽然欣赏铜车马的最佳区域是位于负一层中间的下沉式空间，但是从远观到近看、从平视到俯瞰，这种多层次、多视角的欣赏也是观众对文物之美的一种心理体验过程。远也好，近也罢，作为展品的铜车马主体没变，变的只是观者的距离和角度。我们不奢望两乘铜车马能在不同角度、不同距离的情境下全方位、无死角地呈现给观众，但是它表现出来的历史感、真实感却是毋庸置疑的。艺术欣赏需要距离，文物欣赏同样需要距离。当观众以历史的、艺术的或者科技的眼光欣赏它的时候，其实就已经设定了心理距离。从这点来讲，主展区的流线设计是合理的且成功的。

　　整个展览的参观流线要经过上下两层共四个展厅、五个部分，展线较长。因此需要在展厅与展厅中间适当区域设置休息区，位于第二展厅与第三展厅之间的多媒体厅及西侧通道区就成了最佳的选择。观众可以在多媒体厅内席地而坐，稍事休息，欣赏《青铜之冠　王者归来》纪录片，也可在西侧过道设置的休息凳上小坐，或者继续前往第三展厅参观。

出多媒体厅前行右转沿下行坡道进入一层第三展厅。第三展厅按展览顺序分为三个部分，参观流线上用一条主线按照展陈空间的逻辑性贯穿始终，让观众在由展台展板组合的自然分割的空间中相对自由地穿行观展。

十一、技与艺的物化——陈列手法的巧妙运用

一个成功的展览离不开优秀的设计方案和完善的施工过程。陈列展览的物化过程是艺术设计和技术支撑相结合的过程，是设计方案落地实施的过程，是完整诠释展览内涵与传递展览信息的过程。这个过程的实施需要巧妙的构思、精良的施工、严格的选材及高超的工艺。

（一）特型主展柜的设计与制作

博物馆展柜是直观展示文物的展陈道具，需要兼具文物保藏的实用性和陈列展示的审美性两大功能性需求。展柜的设计需要根据文物类型、文物大小、

展示方式等因素，结合展览的空间结构、环境氛围、设计风格等方面进行综合考量。本文我们主要谈的是两乘秦陵铜车马的特型主展柜的设计和制作的过程。

秦陵铜车马特型主展柜的设计原则是"文物保护与艺术展示相结合"。

秦陵铜车马是目前我国考古史上发现的结构最复杂、形体最庞大、保存最完整的青铜车马，被誉为"青铜之冠"，是国宝级文物。

秦陵铜车马一组两乘，按出土时的前后顺序编为一号车和二号车。其中一号车通长225厘米，高152厘米，重1061千克；二号车通长317厘米，通高106厘米，总重量为1241千克。如此大体量的国宝级文物的顺利布展、安全保护、完美展示对于秦陵铜车马主展柜的设计提出了很高的要求。

设计之初，对于秦陵铜车马主展柜，我们跟制作方一起开过几轮的讨论会，参照秦陵博物院现有铜车马展柜，从主展柜的形制、安全、展示效果及开启方式等方面展开讨论。

现有铜车马展柜因为展厅的高度局限，显得较为低矮，整个展柜是由一个固定底台和一个固定在天花上的展柜吊顶加四面玻璃合围而成，展柜玻璃四周封闭，唯一一个检修口是在展柜顶部的天花上，除了在文物安全方面满足了一定的要求之外，在展示效果、展柜样式、开启方式及后期保养维护等其他方面都不能满足当前的展示需求（图3-31）。

经过几轮讨论后，我们对秦陵铜车马主展柜的样式有了两种大概的设计思路：一种是基于安全角度考虑的钢结构底台加框架立柱和玻璃的形制，简称有框设计；一种是基于展示角度考虑的钢结构底台加玻璃的形制，无框架，简称无框设计。有了讨论结果以后，我们跟展柜制作厂家详细沟通了制作上的技术难点问题，在得到可以解决如超大型玻璃的抗弯问题、玻璃转折面的衔接问题等相关技术层面问题的肯定答复后，我们将两种初步的设计思路合二为———钢结构底台加超大型无拼接玻璃，只在顶部采用以钢结构框架对四个玻璃立面进行连接的结构形制。

在明确了大的结构形制之后，我们对主展柜的设计提出了一个要求，在充分保

图3-31 原铜车马展厅

证两乘秦陵铜车马的绝对安全的前提下最大限度地提高展览展示的审美性，提升观众的观展体验。

　　提到文物安全不得不提到铜车马展示中面临的文物保护问题，在展览中可能直接对铜车马造成侵害的方式为：较大外力作用如撞击、地震等造成展柜的移动或摇晃，导致铜车马车体结构的坍塌、断裂及部分零部件的破损；柜内微循环系统中有害气体（主要是氧气）及有害菌等腐蚀介质对铜车马表面彩绘纹饰的侵害；柜内湿度的不恒定对铜车马金属材质及表面彩绘纹饰造成的侵害；照明光线中的紫外线、红外线及长时间、高照度的照明对铜车马表面彩绘纹饰造成的侵害。

　　为了避免以上问题的发生，策展团队会同藏品管理部及文物保护部的同事从文物保护的角度向展柜制作方提出了增加隔震装置、柜内微环境检测系统、

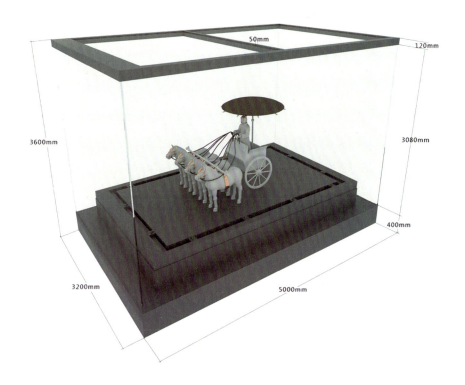

图3-32 主展柜设计

恒温恒湿设备、充氮设备以及对灯光和照度等多个方面的要求。

　　展柜公司根据我们的要求从形制、结构、尺寸、型材、玻璃、灯光、隔震、恒温恒湿、微环境控制等方面设计出了具体的技术参数及配置（图3-32）。

　　随后的展柜设计方案基本上满足了我们对于铜车马特型主展柜的要求，所有的技术参数及设备的确定都是基于文物保护和陈列展示这两个方面因素的考量。这里我们重点谈论一下基于文物安全方面的超大型展柜整体隔震技术的运用和能直观体现展示效果的超大抗弯低反玻璃的运用。

1.隔震装置：超大型展柜整体隔震技术的运用

《国务院关于进一步加强文物工作的指导意见》指出："任何文物利用都要以有利于文物保护为前提，以服务公众为目的，以彰显文物历史文化价值为导向，以不违背法律和社会公德为底线。""深入挖掘和系统阐发文物所蕴含的文化内涵和时代价值，切实做到在保护中发展、在发展中保护。"文物保护及文物安全已经成为博物馆文物工作中的重中之重，而威胁文物安全的最大隐患就是无法准确预测的自然灾害——地震。那么对于博物馆尤其是地震多发区域博物馆，要避免地震对文物带来的直接或间接损坏，安装隔震装置对于文物防震就显得尤为重要。所以说隔震装置的安装是保证文物安全的重要手段。

对于作为国宝级文物的秦陵彩绘铜车马的展柜，隔震装置的安装更是不容小觑。最初关于铜车马特型展柜的防震设计方案针对铜车马易碎、重心与高度偏高、陕西省位于震区等客观因素，考虑将整个隔震装置置于柜内展台之下。后经过博物院铜车马研究保护专家的讨论，认为这个设计是存在巨大缺陷的。隔震装置位于展柜内部，柜内隔震只是对铜车马进行保护，地震来临时只能保证铜车马跟随展台同步运行，无法保障柜体的同步运行与稳定，一旦柜体因受到地震的影响而产生结构或者玻璃等部件的损害，定会对柜内铜车马造成二次伤害。如果将隔震装置置于展柜底部，将原柜内隔震方案改为展柜整体防震则能很好地解决这个问题。地震来临时，隔震装置启动，将展柜与铜车马作为保护对象，展柜与铜车马作为一个整体随隔震装置同步运行，极大地保护了展柜与铜车马的稳定，从而达到保护文物的目的。会后，我们同展柜制作厂家达成了一致的意见，按照专家建议将隔震方案确定为展柜整体隔震（图3-33）。

该隔震装置，通过消能减震，减少地震动能量对保护对象带来的损害，整个装置由双向滑轮、滑轨和上、中、下钢结构板组成。地震时，通过滑轮、滑轨的相互作用，水平向的地震动能量不易作用到保护对象（文物）本身，从而达到保护的目的。

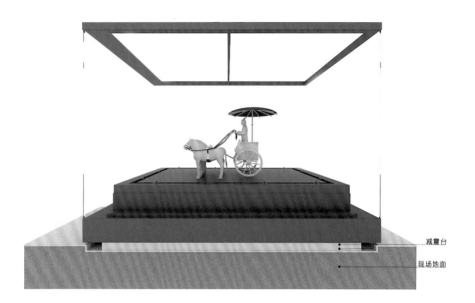

图3-33　隔震装置示意

　　整个隔震装置由 6 个分组隔震装置连接而成，置于展柜底部，保障文物的安全。文物自重 1.25 吨，展柜自重约 4.5 吨，隔震装置最大承重 7.2 吨，在承重范围内，装置作用不受载荷量的影响，不受保护对象质量的影响。

　　该装置可抗 9 级地震，能够使文物地震响应降至 1/8 至 1/12，在特大地震下有效保护"青铜之冠"的安全，实验以及实际的地震震害调查表明该装置是可信赖的成熟的隔震装置（图 3-34）。

图3-34　安装隔震装置

2.展柜玻璃：超大抗弯低反玻璃的运用

博物馆展柜玻璃作为一种既能保护文物，又能供展示观赏的展陈材料，从18世纪至今经历了漫长的发展演变过程，从最早的单层平板玻璃到后来的钢化玻璃、钢化夹层玻璃，再到后来的超白夹层玻璃、低反射夹层玻璃等，发展到现在的技术较为先进的抗弯低反玻璃。依托科技的发展进步，博物馆展柜玻璃作为新时期博物馆展览展示的基本材料也更加顺应展陈需求，在展示效果、文物安全、安装维护等方面均有很大的提升。

随着各种新技术、新材料、新手段在博物馆展陈中的运用，博物馆在展览展示方面对展柜玻璃也提出越来越高的要求。

第一是展柜玻璃应具有抗冲击性。为了保证展柜内的文物安全，需要展柜玻璃具有很强的抗冲击性。这就要求展柜玻璃做夹层处理，经处理后得到的玻璃俗称夹层玻璃，即在两片或多片玻璃之间夹一层或多层有机聚合物中间膜，经过特殊的高温高压工艺处理后，玻璃和中间膜永久黏合为一体的复合玻璃产品。夹层玻璃具有极好的抗震入侵能力，在其受到强大外力撞击时，既能保证韧性，增强抗冲击性，又能在破碎后保持整块玻璃的整体性，使碰碎的玻璃碎片不会掉落，在保护柜内文物不受侵害的同时亦能保护观众的人身安全。

第二是展柜玻璃应具有抗反射性。纤维类以及纸质、丝绸或者彩绘等相关文物在紫外线的照射下或者长时间、高照度的光线下会受到损害，所以除了对照明有所要求外，还要求展柜使用具有抗反射性的玻璃（又称低反射玻璃或减反射玻璃）。低反射玻璃能有效阻隔光线中的紫外线，避免紫外线照射对文物造成的侵害，保护文物安全。而且特殊的减反射镀膜能使可见光的反射率降低到 1% 以下，从而降低环境光的干扰，提高柜内文物的清晰度和能见度；同时具有高透光、不偏色的特点，保证了展柜的通透感和柜内文物的真实感，让观众感受到最佳的视觉效果。

第三是展柜玻璃应具有抗弯曲性。专业展柜的气密性对于柜内的文物保护是非常重要的。展柜良好的气密性会将柜内文物所处的微环境与柜外展厅的大环境隔绝开，在柜内营造相对恒定的温湿度或厌氧的微环境，让文物处于最安全的展示环境中。而具有抗弯曲性的展柜玻璃是保证气密性的关键。展柜玻璃的弯曲变形容易导致玻璃之间衔接的前后错位，或者导致玻璃之间的密封条的挤压变形，最终导致玻璃之间产生缝隙，破坏展柜的气密性。所以展柜玻璃的抗弯曲性对于文物保护而言尤为重要。

鉴于铜车马文物的超大体量和重要性，我们在进行特型主展柜的设计时，已经对其体量有了一个清晰的认知，目前两台特型主展柜的设计尺寸为 5000mm×3600mm×3200mm。这个尺寸的单体展柜目前在国内算是特大型展柜。所以在对展柜玻璃的选择上，我们按照以上几点，本着"安全保护、完美展示"的思路对展柜玻璃提出了具体的要求：超大抗弯低反。

每台特型主展柜最大单片玻璃的尺寸为 5000mm×3600mm，重量为 600 多公斤，如此大的抗弯低反玻璃无论从原片的选购到加工生产，还是从包装运输到现场安装，各个环节都会面临极大的难度与挑战。

经过各方对超大型展柜整体隔震技术、超大抗弯低反玻璃这两个方面的反复论证后，最终确定设计方案。展柜制作方按我们的要求根据设计方案的具体参数及要求先做了一个样品展示柜出来。

2021年3月中旬，博物院各个与铜车马博物馆建设相关的职能部门及代建方、监理方、施工方等一行10人赴展柜公司对博物院铜车马特型主展柜样柜进行考察和初步评估，形成了初步的评估结果：

（1）观瞻的美观性

我们的展柜尺寸是5000mm×3200mm×3600mm，这个尺寸目前在国内所有博物馆单体展柜里面应该是体量较大的，所以视觉观感也很震撼。但是基于安全性考虑的上方框架的规格尺寸，看起来稍显宽大了，美观性上打了一点折扣。

（2）结构稳固性

按照深化后的图纸设计制作的样柜本身结构比较稳固、框架结实，在一般的小的外力碰撞下没有晃动（可能也因为柜体自身重量大）；在防震台的制作方面，展柜制作方的答复是承诺加工完成后还要做地震横波及纵波的测试，现场展柜安装后整体结构的稳定性会大大提升。

（3）材料及制作工艺

第一，柜体钢板采用上海宝钢的钢材，厚度均匀，专用型材采用螺丝固定，无明显焊接痕迹，表面采用静电喷涂处理，平整光滑无瑕疵。

第二，玻璃采用"8+8"超大抗弯低反夹层玻璃（低反射、高透光、不偏色、有效阻隔紫外线、防侵入、易清洁），视觉感受上，玻璃面平整通透，目测没有明显应力作用下的下弯及侧弯造成的接缝处的不平整，玻璃转折衔接处光滑平顺，开启面与硅胶条衔接处紧密，触感光滑。

第三，柜内层板及饰面织物据展柜制作方解释为不含甲醛的中纤板，饰面织物为防火阻燃环保材料，粘接胶也是通过环保检测的进口胶。饰面扪布平整，转角处理平顺，无明显褶皱。因展台面积大，饰面板分割为若干块，现场看到的各个板块之间衔接的缝隙大小不均（目测缝隙最大有5毫米，最小2毫米）。我们提出的要求是需要注意各个块面间的缝隙均匀，所有缝隙尽量控制在2毫米左右，而且分布均匀，因此暂不符合要求。

第四，锁具采用芬兰原装进口的阿波罗锁具系统，具有高度的耐磨性、耐污性、耐湿性、防腐蚀性、防冻性。铜车马展柜采用自动开启的形式，且有驱动系统自锁功能，遇到阻力将自动停止工作，极大地保证了展柜及柜内文物的安全性。

（4）展柜的密闭性

据展柜制作方介绍，采用专用密封型材、进口密封硅胶条及密封胶和高精度的展柜部件，保证展柜具有极好的密封性能。我们现场无法观测到，尚无法预知柜内外空气交换率最佳能达到多少，将由展柜公司安排给德国汉氏展柜做检测的机构来检测，并出具检测报告。

（5）开启的方便性

现场观测可以实现一人遥控开启并左右推移，玻璃的平移开启最大限度能达到60%，整个玻璃的推出及平移匀速平顺，无磕绊，无杂音。展柜制作方在现场也根据我们的要求示范了玻璃拖车的使用及玻璃的安装和拆卸，整个过程比较顺利。柜内展台两侧安装了用于布展的文物平台车的限宽条，保证了文物平台车的前后移动的安全性及工作人员出入的便利性。

（6）柜内灯光的设计运用

由于我们的主展柜采用以柜外照明为主、以柜内照明为辅的照明方式，目前柜内根据设计方案，在展台四周安装了光纤灯，展柜制作方介绍用的是进口光纤灯，由国内厂家组装。但现场在厂房内看起来照度不是很好，而且局部有一些眩光，至于是否能达到设计要求的照度和防眩还需要做进一步测试和调试（图3-35）。

现场考察后，通过与展柜制作方开会讨论，跟技术人员反复沟通，我们给出了

3-35 样柜光纤灯

以下几点意见和建议：

　　第一，认可主展柜整体用材及施工工艺，认可安全性；

　　第二，主展柜上部框架在保证安全稳固的基础上要尽量缩小设计规格，增加美观性；

　　第三，柜内光纤灯槽增加定制遮光罩，并细化此部分图纸；

　　第四，认可展柜的密闭性达到设计要求。

　　展柜制作方根据我们反馈的建议，及时完善了局部的加工图纸，加班加点，夜以继日，终于在既定的时间内完成了两台特型主展柜的加工制作。

　　关于后面展柜的分组运输及安装的过程就不占用篇幅了。事实证明，我们的特型主展柜的设计是成功的，布展完成后跟我们的铜车马完美而有机地形成了一个展示整体。超大尺寸的造型设计使整个柜内的展示空间更加宽敞，给铜车马提供了更大的展示空间，让铜车马文物本身的张力得到充分释放。超大抗

图3-36 布展完成的主展柜

弯低反玻璃的运用带给观众更加通透的视觉感，带来近乎裸展的观展体验。超大型展柜整体隔震技术的运用，为铜车马的展示提供更加安全的保护。两台主展柜的设计及制作达到了真正意义上的功能性和艺术性的高度统一（图3-36）。

（二）展台、托架的设计制作

展台是承载各种展品包括模型或沙盘等展示物的道具，既能对展品起到很好的衬托及展示作用，也能通过一定的逻辑关系或者形式美感相互组合或排列，起到丰富或者分割空间层次、增强空间节奏感的作用。

展台的形式设计根据展示对象的不同需要而采取不同的造型设计，将展示物品和说明文字或者图片以展板或者灯箱的形式巧妙地结合起来，实现了功能性与美观性的统一。从序厅的沙盘展台到第二展厅的伞杠展台，从第三展厅的所有展台、灯箱到互动展厅多媒体展台，从造型到色彩再到材质等各方面，整体的风格跟铜车马的展示环境和展览设计风格相协调，在符合人体工程学基础上充分满足不同年龄段观众的观展需求（图3-37、图3-38）。

值得一提的是，在所有落地展台的边角设计经过现场模拟打样以后，我们发现，现有的四个边角的直角设计可能会在展览开放后对观众造成伤害，尤其是对少年儿童而言，存在很大的安全隐患。在就制作周期、技术难点两个方面同厂家进行充分沟通并得到肯定答复后，我们将边角的直角设计改为了圆角设计，这样的设计既是基于参观安全的考虑，同时也是展台设计形式美感的一个小小的突破（图3-39）。

托架作为展陈道具，它的作用是保护和支撑展品，使展品能从更安全、更美观、更直观、更容易诠释信息的角度被展示，是"让展品说话"的重要手段。展托及支架设计的终极目标是在保证文物安全的基础上追求展览的陈列效果，一般遵循以下几个原则。

首先是从文物安全角度出发的安全性原则。其中包括两个方面，一是制作托架材料自身的安全性，指的是材料的物理属性及化学属性稳定，不会因接触或固定对展品造成直接的损伤；二是固定方式的安全性，指的是托架支撑结构设计的合理性、稳固性及连接固定的安全性。

其次是美观性的原则。是指制作托架材料本身的外观属性包括质感、造型、尺寸、颜色等给观者带来视觉感官上的美感及心理的愉悦感、舒适感。

最后是可逆性原则。是指连接展品与托架的材料应当为便于捆绑和拆卸的材料，拆卸后，展品恢复如初，无任何损坏。比如用经过处理的皮绳或者渔线捆绑、对黄铜支架或其他金属支架作硅胶套管等。

图3-37　展台设计（1）（上）

图3-38　展台设计（2）（下）

Both canopies of the standing chariot and the sitting chariot are elaborately decorated. The canopy of th standing chariot is like an umbrella with the tips of the ribs attached to the silver caps and the umbrella posi made up of three connected tubes reinforced with gold and silver. The two sophisticated locks to fix the post to the pedestal is the most remarkable part. The canopy of the sitting chariot is designed into an oval shape with its crossbeam decorated with painted tufts of clouds. The colors on the surface of the two canopies flaked off due to the erosion only leaving some geometric patterns on the edges. The inner side of both the canopies is primed with white and light paint bearing dragon and phoenix motifs.

图3-39　落地展台的圆角设计

　　我们在遵循以上原则的基础上，根据我们文物展品（除铜车马外）的特点，大多选择了性能稳定、安全性高、光洁度好、能较好体现展品特点的亚克力制品及部分铝材作为展托支架。经过多次设计模拟，最终呈现出比较满意的展示效果（图3-40）。

　　提到托架选用，一个绕不开的问题就是文物展品的展示方式问题，对于文物展品而言，最能直观展示其文物特点及内涵的方式就是按照文物的使用方式去陈列。

　　比如在第一单元第二展厅对两件"承弩器"的展示，我们按照其在铜车上的相应位置及使用方式，设计制作了亚克力托架，配合同一展柜内展出的复原铜弩，结合柜外墙面展板，形象地说明了其位置及用途（图3-41）。

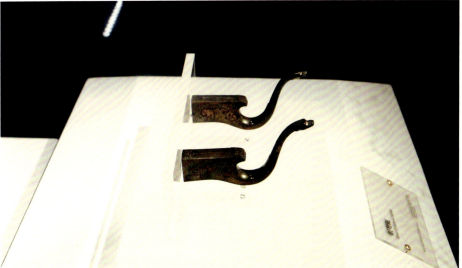

图3-40　银害辖的展示（上）
图3-41　承弩器的展示（下）

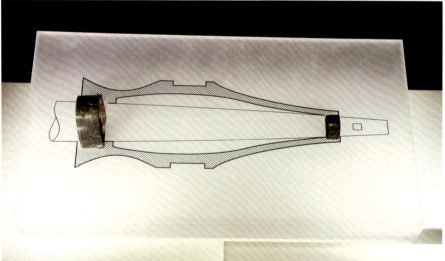

图3-42　马勒的展示（上）
图3-43　铜釭的展示（下）

　　同样的还有位于同一展厅的马勒复制品的展示，也是采用树脂白模复制等大的铜车马的马头，将复制的马勒按照铜车马上的样式缠绕固定其上，展示效果形象生动（图3-42）。

　　还有如第三单元"载脂载馨"部分的一对铜釭的展示方式，也是在磨砂亚克力板上将轮毂的图案丝印上去，在两个铜釭的相对应的位置预留半圆形凹槽，将展品按照其使用的位置摆放展示，展示效果一目了然（图3-43）。

（三）照明设计与实施

　　灯光照明作为实现展陈效果的重要元素在展览展示中具有举足轻重的作用。成功的照明设计能使灯光效果与建筑环境保持一定的协调性，既能烘托展陈氛围、表达展览情感、营造良好参观环境，又能通过不同的照明层次形成的不同明暗效果对参观人群起到一定的参观引导作用，更能最大限度地提升展品的陈列效果，突出展品的艺术表现和文化内涵。

　　当然，在对文物展品的照明上，要按照博物馆照明设计规范，遵循文物安全与展示效果相结合的原则，除了对灯光的属性、照度、色温、显色性等各方面有要求之外，还要根据展厅及展品的具体情况设计合适的照射角度及距离，采用不同的照明方式，还原文物展品真实面貌，赋予文物展品活力，实现"让文物说话"。

1.展示空间的照明

　　"灯光是展陈空间的调色剂。"在铜车马展厅，我们巧妙地利用了灯光对环境氛围的塑造作用，将冰冷的水泥质感的几何空间活化为有温度、有情感的色彩空间，让观众在现代工业化的结构空间感受跨越了2000多年的古代科技与现代文明的碰

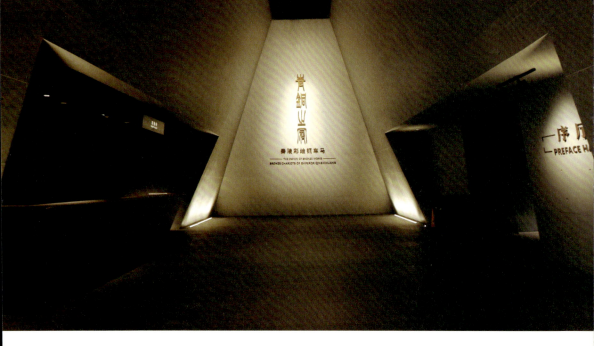

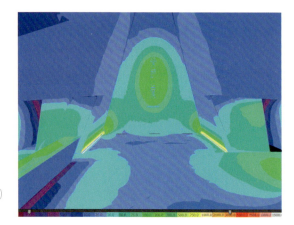

图3-44　展标空间现场照明效果（上）

图3-45　展标空间照明伪色图（下）

撞与融合，感受来自 2200 多年前的人类文明的浸染。

　　除了门厅、观众休息区及互动区采用自然光照明加人工照明以外，其余展区均采用人工照明。我们将所有展区进行分区设计，主次分明、强弱有度，对每个展区都从灯光类型、照射的角度、照明方式、照度、色温等方面作了照明效果的模拟及具体的要求，实现了对展陈环境节奏感的营造，增强了展陈空间的立体感（图3-44、图3-45）。

2.主体铜车马的照明

　　作为整个展览的核心展品，铜车马的陈列展示的关键除了最重要的展柜之外，另外一个重要的元素就是灯光照明。在铜车马的照明设计中，我们首先要面对的就是文物安全问题。铜车马的表面彩绘纹饰出土时已经有不同程度的锈蚀，部分彩绘已经脱落，出土后又受到环境的影响，包括空气、水、微生物、光照等，彩绘不断褪色、脱落。我们能做的就是将文物利用和保护相结合，在展示铜车马绝世风采的同时，保护好铜车马及其彩绘纹饰，使其不再继续（或延缓）褪色或脱落。首先是照明灯具的选择，为了防止铜车马因受到红外线、紫外线辐射的影响而表面彩绘老化褪色，我们选择专业级 LED 芯片的灯具；其次是控制好铜车马的照度水平，严格控制在 150—200lx；最后是加强对展品灯光年曝光量的控制。

　　我们根据铜车马的造型、结构、色彩及展示空间等因素，秉承"安全、还原、舒适"的设计理念，采用了柜外重点照明加柜内光纤补充照明的形式，分别从远、中、近三个不同距离和角度，多层次、多手法、多角度地设计照明，按照从整体轮廓到局部重点，然后到局部细节设置照明灯具。这种点面结合的照明方式突出了铜车马的立体形象，还原了铜车马的真实色彩，呈现了更多真实的细节及层次（图3-46、图3-47）。

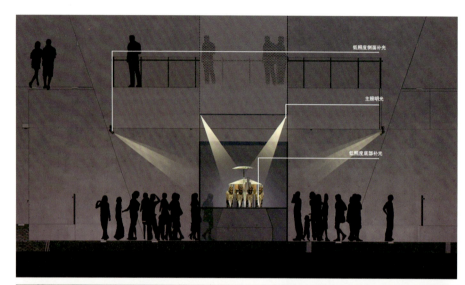

图3-46 铜车马照明设计示意（上）
图3-47 铜车马现场照明效果（下）

图3-48　二号车厢内照明效果

　　二号铜车马车厢内部彩绘的照明设计，采用了色温3000K、功率30W的光纤照明。因为没有热量而且照度值相对较低而不会对车厢内的彩绘造成伤害。光纤灯从展台底部通过二号车的支撑杆顺延而上进入车厢内部，分两边放置于车内拐角隐蔽处，保证了整个车厢内部彩绘纹饰的照明，也保证了观众见光不见灯，能够从打开的车门欣赏车厢内部的纹饰而不受光源影响（图3-48）。

（四）图文展板的形式设计

图文展板是博物馆陈列展览中最常用的展示形式之一，是展陈设计的重要内容。它的主要作用是解释展品内涵、传递展览信息、营造展览氛围，所以对于图文展板而言，设计上的形式美就显得尤为重要。图文展板设计的好坏影响着整个展览的展陈效果和参观者的观感体验，是一个展览成功与否的关键所在。好的图文展板的设计会从展板的形状、尺寸、材质、位置、色彩、文字、图像等多个方面综合考虑，在追求形式美感的基础上保持与整个展览的协调性，给观众带来视觉美感的同时达到提升展陈效果的作用。

1.因势就形：展板形状及位置

我们在第一展厅、第二展厅根据博物馆现有建筑结构，充分利用建筑固有的斜面、异形的特点，因势就形，设计制作展板的形式，在传递信息的同时实现了与建筑空间的巧妙融合。

例如，对于第一展厅南北两侧6个斜面倒梯形的墙面展板，我们在最初设计时根据观众观看的距离、高度等，先尝试性地用夹板在两个壁龛分别做出梯形斜面展板和梯形垂直展板，然后将设计好的版面内容打印张贴，现场从观众的视角感受两块不同角度的展板带来的不同的视觉体验。垂直展板符合观众观赏习惯，但是垂直的造型牺牲了后面的斜面空间，使整个展板前移了近1米的距离。前移的展板会迫使观众向通道中间后退，又间接影响了东西两侧观众的正常通行。我们权衡利弊、反复对比，最终确定了顺应建筑空间结构的梯形斜面展板。我们根据现场确定的斜面展板，按照人体工程学的原理适当调整了整个展板倾斜的角度、文字的大小、主要展示内容的高度，并在后期灯光照射角度上也做了调整，保证了展陈的效果。与斜面展板对应的下方的灯箱造型也同样做了角度的调整，使其在形式的设计感上保持一致（图3-49）。

图3-49　第一展厅展板及灯箱造型设计

在第二展厅东西环廊 8 个隔间，我们也采用了同样的展板制作形式。设计第一稿时，我们是按照常规展板的形式设计为垂直的展板，但是因为观赏面垂直，展板的侧边成为一个上宽下窄的倒梯形，开间两边会有对应的尖角。这种形式上的尖角可能会影响到观众的观展心理。我们同样经过现场打样和对比，最终也确定了根据墙面角度制作与之相适应的展板形式（图3-50、图3-51）。

事实证明，我们的大胆尝试是成功的，是一种形式感上的突破和创新。

2.平面不平：版面设计及组合

图文展板的设计属于平面设计的范畴，但在现今博物馆展陈中，图文展板已经从过去的单一化的二维平面排版发展到现在的多元素、多形式的组合排版。我们在第三展厅的版面设计运用了"展品上墙""屏幕上墙"等形式，突破了展板的二维属性，打破传统展板的展示方式，将需要陈列的展品及显示器根据需要合理地融合

图3-50　第二展厅展板造型设计第一稿（上）

图3-51　第二展厅展板造型设计最终稿（下）

到整个版面的设计排版之中，使各种展示材料以不同的形式完美结合，使平面的展板以立体化的形式呈现，展览的形式更加艺术化、形象化，更具说服力，使内容更便于阅读。

例如，对于"载脂载牵"的版面设计，我们将复原的青铜车轮及解构的木制车轮跟版面线图巧妙结合，打破了平面排版的单一性，使整个版面更加立体化（图3-52）。

又如，对于"约毂和篆毂——轮毂的加固工艺"的版面设计，我们将投影屏通过合理的排版放置于版面一侧，将活动的影像跟静止的版面相结合，使整个版面更加灵动，生动准确地向观众传递了展陈信息（图3-53）。

（五）铜车马纹饰的选择性应用

秦陵铜车马通体彩绘，纹饰精美，从夔龙、夔凤纹到云气、几何纹，装饰华丽，色彩分明。这些造型精美的纹饰给了我们利用视觉元素传达设计理念的可能性。我们将提炼出来的纹饰元素有选择性地按不同区域、不同材质、不同形式运用贯穿于整个展厅。

从门厅青铜浮雕的图案到闸机入口电动大门的纹样，从序厅墙面铝板的冲孔纹样到各级展板底纹图案，从固定说明牌的乳钉图案到导览指示牌上的装饰纹样，不同区域使用的纹饰各不相同。所有的纹饰在不同材质的基础上表现出不同的视觉感受，既和谐统一，又各有变化（图3-54至图3-57）。

图3-52　"载脂载輦"版面设计（上）

图3-53　"约毂和篆毂——轮毂的加固工艺"版面设计（下）

骖马辔重构

Assembly of Side Horse Reins

← 请继续参观
TOUR CONTINUES

图3-54　门厅青铜浮雕图案（上左）
图3-55　序厅铝板墙面冲孔图案（上右）
图3-56　乳钉上的图案（下左）
图3-57　导览指示牌上的图案（下右）

（六）陈列手法的灵活运用

博物馆陈列展示中的陈列手法是指在把握展览主题的前提下，根据展品的实际情况，运用形象设计和艺术表现，结合展陈空间对展品进行合理展示的方式方法。展览中陈列手法的运用不是单一固定的，应根据展品性质、内容需求、空间结构等因素灵活多变，在安全性、科学性、知识性的基础上灵活地运用合适的陈列手法体现出展品陈列的艺术性和趣味性，达到更好的陈列效果。

1.中心陈列法

结合展厅结构，我们在主展区的陈列方式上主要采用"中心陈列法"，以第一展厅下沉区域两乘前后并置的铜车马为中心展示区域，第一、第二展厅上下两层环廊区域辅以图文展板及部分车器及兵器等展品，所有展品及图文展板围绕两乘铜车马展开。这种陈列方式将观众的注意力牢牢地吸引到中心区域的铜车马主体上，突出了重点文物的展示效果。

2.复原陈列法

在展览中根据展陈需求，我们在第一展厅模拟复原了铜车马发掘坑的艺术场景，再现了铜车马坑的形制及环境，配合灯光及多媒体投影，使观众有种宛若置身于当年的发掘现场的体验感。第二展厅西侧环廊展区采用硬木和细帆布复原了实用立车上的伞盖，配合两边的伞盖拆装动画，形象直观地展示了伞盖的形制、材料及结构。

3.对比陈列法

在中心展区的两乘铜车马展品与上方灯罩上的铜车马影像形成动静、虚实的对比关系；在第二展厅北侧将铜弩和与其对应的弩弓与弩臂缚扎捆绑结构的复制品放置在同一个展托，形成对比关系，配合展柜旁边的展板，让观众通过这样的对比对古代实用弩有一个大概的认知；第三展厅"据形求实"单元，将模拟复原的木车马的木制车轮与复原的青铜车马的车轮并置于一个版面展示，并将二者通过透明的"车轴"用蒙太奇的艺术手法剪辑连接，并列展示，直观地表达了二者之间的关联性，让展览更具艺术性（图3-58）。

图3-58　复原的木制车轮与青铜车轮的对比展示

4.解构及重构陈列法

　　解构，是把原结构肢解还原成每个局部的基本原始单位；重构，是把原结构肢解还原成每个局部的基本原始单位并重新组合，构成一个全新的、不同于以前的新物体结构。

　　我们在主展区南北两侧基本采用的是解构式的陈列方式。通过负一层南北环廊部分的灯箱、展板对铜车马进行多视角的解构剖析；通过一层南北环廊部分的展板内容对应柜内的车器、兵器等，层层剖析，面面俱到，力图将铜车马的主体元素解构到最小单元。第三展厅"据形求实"单元，通过对车轮、车舆、丝织品、辀、衡、轭的捆绑关系及伞盖结构等复原性重构，再现了秦代马车上的部件，使得据铜车马的"形"求秦代马车的"实"以具体、真实的角度向观众展示（图3-59、图3-60）。

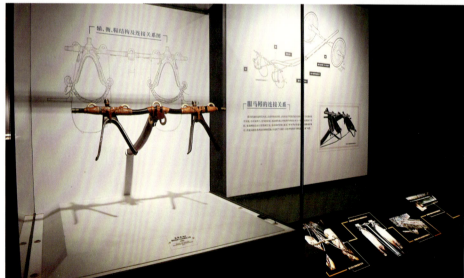

图3-59　车舆结构的复原重构（上）

图3-60　辀、衡、轭的结构复原重构（下）

十二、多感官体验——让展览"活起来"

为了让观众获得更美好的观展体验，铜车马博物馆的展陈设计非常注重展览的互动性、参与性。在展览中，根据内容的需要，运用了多样的数字化展示手段，展馆中还专门设置了观众互动区，供观众操作、亲身实践。在这里，观众通过直接参与互动体验项目，调动触觉、视觉、听觉等多感官体验，获得难忘的感受，获取需要的知识，从而更加深刻地理解、记忆展览中所展示的文化、历史、科技、艺术等信息，收获知识和愉悦情感。

（一）多样的数字化展示手段

1.沙盘展示秦始皇帝陵布局

采用沙盘模型与投影相结合，在沙盘模型上制作出秦始皇帝陵布局图，标识出各个重要遗址；与多媒体投影相结合，用光影依次表现秦陵封土、内外城垣、铜车马坑、陵寝建筑、饮官遗址、陪葬坑、陪葬墓区、修陵人墓地、陵西墓区、兵马俑坑等重要遗址，并辅以文字说明。用光影、色块重点表现出铜车马坑的位置、形制以及铜车马博物馆的所在地（图3-61）。

2.铜车马坑模拟复原场景

复原场景模拟秦陵车马坑1号耳室的结构和铜车马的出土现状，采用三维模型

图3-61　秦始皇帝陵遗址沙盘

和多媒体技术展示铜车马的考古清理过程，带领观众沉浸式感受铜车马的考古发掘现场。

3.铜车马动态演绎

在铜车马主展柜上方的保护罩上，三面投影，分别展示一号、二号铜车马动态影像，模拟马车运动起来的样子。动态的铜车马与展柜中的铜车马相映成趣，形成古今的对话、动静的对比，增强展览效果。

图3-62　铜车马二号车车厢彩绘纹饰高清展示

4.铜车马二号车纹饰高清展示

铜车马二号车车厢内部的彩绘纹饰非常精美，但是观众却无法看到。利用大屏幕高清展示铜车马二号车车厢内外彩绘纹饰的细节，以第一视角进入二号车车厢内部，让观众仿佛置身于二号车车厢内，近距离欣赏彩绘纹饰的华美（图3-62）。

5.铜车马一号车伞盖拆装演示

铜车马是随葬的青铜马车，它所象征的是秦始皇帝的銮驾，考察铜车马的结构，就可知秦代高等级实用车马的大致面貌。为了便于观众理解秦代实用车马的结构，运用多媒体数字技术，以一号铜车马上的伞为原型，模拟还原秦代实用马车上的伞盖的拆装步骤和过程，帮助观众理解展览内容。

6.约毂工艺演示视频

以铜车马为原型，复原实用马车的车轮，以多媒体视频演示实用马车木车轮的约毂工艺，使观众了解古代马车车轮的约毂工艺及制作过程，以及古代实用马车的结构和制作工艺，更进一步惊叹于铜车马制作技艺的高超与精妙。

7.鞁与刹车制动动画

以铜车马一号车线图为基础，制作二维动画，形象展示古代马车上鞁带的装配位置，及其在马车行进过程中的控车与刹车作用。

8.辔与马车驾驭动画

以铜车马一号车为原型，制作二维动画，演示马车在秦朝的街道上行进时，马车前行、右拐弯、左拐弯、停车时，御手如何操控六辔。通过视频展示古代马车的驾驭方式，让观众了解古代马车的驾驭方式与技巧（图3-63）。

9.铜车马发掘和修复专家访谈视频

结合专家采访与文物修复照片资料，以纪实性的方式讲述铜车马发掘与修复的精彩故事。

（二）多种方式的互动体验

展览的最后一个单元是"回归秦朝：动手的快乐"，这是专门的观众互动区。观众互动区的互动展示项目分为两种类型：一种是基于数字技术的多媒体互动

图3-63　辔与马车驾驭动画

游戏；另一种是以文物为原型模拟复原制作的可操作模型。在这里，观众可以动手操作，调动自己全方位的感官，可触、可视、可听，身临其境地感受、体验车马文化（图3-64、图3-65）。

1.数字多媒体互动游戏

（1）文物修复互动游戏。观众可以通过触摸屏，拼图修复一号车伞盖，感受文物修复工作的艰辛。

（2）铜车马系驾装配互动游戏。观众可以通过触摸屏，进行一号车和二号车

图3-64 　观众正在体验"拼图修复一号车伞盖互动小游戏"（上）

图3-65 　观众正在体验"车轮、车轴、辖辖模型组装"（下）

的系驾装配，借此对古代马车的结构和系驾关系进行深度记忆。

（3）"六辔在手"VR游戏。实现虚拟秦代驾车体验，辅以场景和故事情境的代入，让观众体验驾驭马车的快乐。

（4）文物魔墙。展示铜车马的多张高清照片，可以多人同时操作，点击任何一张文物照片都可以放大，查看详细图文资料，让观众了解各个文物部件的具体信息。

2.模拟复原制作的模型互动

（1）车轮、车轴、害辖的组装。以铜车马的形象为基础，结合古文献和考古发现的古代车马资料，经过科学研究，模拟复原制作了古代实用马车的车轮、车轴、害辖，观众可以触摸，并且进行三者的组配。

（2）立车伞杠与伞杠箍的安装。以铜车马一号车的形象为基础，模拟复原制作了古代实用马车的伞杠与伞杠箍，观众可以进行两者的拼接和组装。

古代车马知识距离我们现代生活比较遥远，通过互动区的设置，可以拉近与观众的距离，让观众与展览深度融合。观众通过动手操作，能够发挥自己的想象力，获取自身的感知觉体验，从而构建起对于古代车马文化知识的认知框架，深化对展览内容的理解和记忆。

（三）互动展项的特点

互动展项的设计目的，是利用技术手段对展示内容和展陈方式加以改造和处理，将展览信息自然地融入其中，让参观者通过体验更深刻地理解展品及展览的内涵。铜车马博物馆中的互动展项，在设计之初就充分考虑了观众的体验感，让观众在主动参与中，学习知识，愉悦身心。

1.人性化

　　互动展项在设计时，依据展览内容，结合观众的体验需求，选用最佳的表现形式，针对"人"进行更好的服务。铜车马博物馆互动区的文物修复互动游戏，设置了简单和复杂两种模式，观众可以根据自己的兴趣任意选择。游戏难度过高，观众完成不了会产生挫败感；难度过低，又不具有挑战性，很难产生满足感。这种方式，解决了游戏难度与观众感受之间的矛盾，让观众收获最佳体验感。考虑到不同年龄段的观众，铜车马系驾装配互动游戏和车轮、车轴、軎辖的模型组装都设计了儿童和成人两种版本，触摸屏的高低不同、车轮的大小不同，各年龄段的观众都可以得心应手地操作，全情投入。同时通过这种方式，也表现了博物馆对于不同年龄段人群的关注和关爱。

2.趣味性

　　教育是博物馆展示的核心目的，参观者大多喜欢寓教于乐式的博物馆展示方式，在轻松愉悦、充满乐趣的参观体验过程中，文化的传播就会变得更加生动形象和易于接受。因此，在互动展项的设计上，既要考虑知识性，同时也要考虑趣味性，调动观众的兴趣，满足其探索新知识的愿望，增强其参观过程中的愉悦感，使观众在充满乐趣的过程中获取知识。铜车马博物馆互动区的"六辔在手 VR 游戏"，设置故事情节，以秦始皇帝在朝廷讨论实行郡县制还是分封制为故事背景，以一个士兵在咸阳城内向丞相府、将军府等各处送信为线索，驾驭马车，完成送信任务。游戏以驾驭者的视角，让观众通过 VR 头盔和游戏手柄控制"六辔"，让马车前进、拐弯、停车，沉浸式体验驾驭马车的快乐。

3.参与性

公众参与是社会进步的重要标志。博物馆要把一成不变的静态知识变得生动有趣起来，就要从观众的角度出发设计陈列展览，以观众为中心提供各种相关服务，注重人文导向，使陈列展览人格化，服务人性化、使观众真正在博物馆里收获悦目、悦心、悦智的享受。[4] 对于观众来说，相比于被动接受，"主动参与"的方式会更加有吸引力，观众更喜欢在"亲自动手"的过程中去体验、发现并且学习，更喜欢探索式的参观经历。通过亲身感受，参观者能够加强记忆，培养自信心和学习兴趣，这也正是目前博物馆互动展示设计的初衷所在。铜车马博物馆互动展项的设计，突出了"互动"，体现了"参与性"。无论是数字多媒体互动游戏，还是模拟复原的操作模型，都鼓励观众亲自动手，让观众自己去体验、探索和发现，赋予其愉快的参观学习体验以及更加广阔的想象空间。

4.多感官体验

互动展项调动了观众的多感官体验，如触觉、视觉、听觉，观众通过肢体与数字化展品及辅助展示模型产生互动。这种方式在参观过程中会带来更多的满足感；在观展结束之后，给人留下的记忆感受也会持续更久。同时，触觉体验改变了传统展示方式单方面向观众输出展示展品信息的方式，参观者不再处于被动地位，从而最大限度地调动参观者的参观情绪，带给参观者"以我为主"的观感体验。这种互动不仅仅是生理行为上的互动，更是心理情感上的互动。

博物馆中互动展项的设计，必须考虑到参观者的思维方式、行为特征、使用习惯等认知体验，并结合其触觉、视觉、听觉等感官体验，采用数字化或其他适合的技术设计出多种形式的互动方式，更好地为"人"服务。也就是说，要把观众放在最重要的位置上，注重与观众产生身体上的互动、心理上的共鸣。

（四）经验与思考

从铜车马博物馆互动设计的实践、博物馆开放以后观众的反馈以及博物馆展览的运行管理经验来看，博物馆展览中的数字化手段的运用及互动展示、互动设计需要遵循以下原则和方法。

1.立足展览内容，内容决定形式

互动展项设计的宗旨是更加形象化地体现展览内容，其相关的表现内容必须具备科学性、准确性。立足展览内容，根据展览内容的需要，选择恰当的表现形式和实现手段，不能一味追求参观体验而夸大技术却忽视内容的质量，切忌喧宾夺主，设计时要围绕展览内容和展品信息的科学性展开，以避免歪曲展品内容的真实性而误导参观者。互动方式的使用，不是表面化地应用数字多媒体技术，而是要将展品、展览内容所蕴含的文化精神价值通过互动展示的方式传达给观众；并不是简单组合技术与内容，而是在展览内容的主导下，应用最适合的技术，激发观众的兴趣和探索意识，使其在收获知识的同时也感受到情感上的愉悦。

2.以观众体验为出发点，注重兴趣与乐趣

互动展项的设计可以把抽象复杂的展览信息具体化，变成观众能够触摸并体验的实物，帮助观众获得更为清晰的认知，从而激发起进一步的学习兴趣和探索欲望。观众的兴趣对于展览中的互动体验是至关重要的。因此，在设计之初，设计者要从观众的体验出发，有针对性地筛选出观众所喜爱的或者感兴趣的内容题材，再考虑如何把展示内容的相关知识以观众易接受、易感受、趣味化的互动方式展示出来。这个过程，能够把复杂的展览内容和展览中的知识点变得

更加具体，更加生动有趣、通俗易懂。展项的设计不宜太复杂，要比较易于操作，以确保大多数观众都能够快速地找到操作方法，让观众在互动的过程中体验到快乐、自信的感觉。这种持续的兴趣会转化成学习的乐趣，激发出更持久的探索动机，使其真正深入地理解展览内容。

3.符合美感，提升审美力

随着时代的发展，观众的审美、求知、娱乐等需求在不断地变化。这就要求博物馆展览要适应时代的发展，丰富多种手段以适应观众的需求变化。展览形式要贴合艺术，符合美感，才能使观众在参观中体验到愉悦、享受到高雅的艺术审美品位，全身心投入进来，主动学习。互动展项的设计，虽然侧重于"动手"，但是其艺术表现力同样重要。对于视觉、音效、材料、质感、空间氛围等不同层面的形式设计也应当像设计展览中的图文版面、展具展架、色彩灯光一样，进行艺术雕琢，带给观众美的享受。

4.长效使用，方便维护

观众互动设施，因为是面向观众开放使用的，所以其日常的维护也是关系到博物馆互动项目品质的一个重要方面。在互动展项设计之初，就需要考虑到设施日常维护和管理的问题。对于多媒体项目，设备和程序的开关机、运行操作要方便简洁；对于互动操作模型，模型的稳固性、安全性都要考虑到。在日常的运行过程中，博物馆要配备专门的检查、维护人员，以确保互动展项的正常运行，一旦发现故障或损坏，及时维修或更换，让互动展项真正地"动"起来，让观众真实地参与和体验。

（五）小结

　　博物馆的互动展示之所以能获得广大观众的喜爱，最重要的原因在于知识性与趣味性相结合。互动展示的品质和生命力不仅在于其内容信息的科学性和互动技术的成熟度，还在于参观者的体验感受。相较于传统的展示方法，互动展示借助数字化等技术，以新颖有趣的形式吸引观众积极参与、主动探索，自主完成展览内容知识的接受过程，让参观者从被动接受知识转变为主动探索信息。这种过程不仅会使观众产生美好的观展体验，更有助于其理解、记忆展览中的相关内容，从而达到博物馆展览寓教于乐的目的。

　　现今，数字技术的迅猛发展为博物馆的互动展示提供了技术支撑，多媒体影像、屏幕投影、触控屏幕、虚拟现实（VR）、增强现实（AR）等多种数字化展示方式，可以将展览内容以更具趣味性、互动性的方式传达给参观者，带给观众"沉浸式体验"。但是，所有的技术都只是"术"，其根本还在于展览内容，展览中的互动设计必须立足于展览本身，以展品信息和展览内容为核心，在符合展览主题脉络、故事情节需要的前提下，增强观众的感官、情感与互动体验，使得博物馆能够积极地创造出适宜观众参观、学习、休闲的空间。

注　释

〔1〕周婧景.“阐释性展览”：试论当代展览阐释的若干问题.东南文化，2019 (6)：95-103，127-128.

〔2〕严建强.展览阐释：美术馆和博物馆策展比较——兼谈博物馆的美术馆化.东南文化，2021 (5)：133-142，190-192.

〔3〕赵娜，王文彬.考古文物类展览信息阐释的公众转向.中国博物馆，2022 (2)：74-79.

〔4〕单霁翔.略谈博物馆陈列展览的知识性与通俗性.南方文物，2014 (1)：16-23.

青銅之冠

The Crown of
Bronze Works

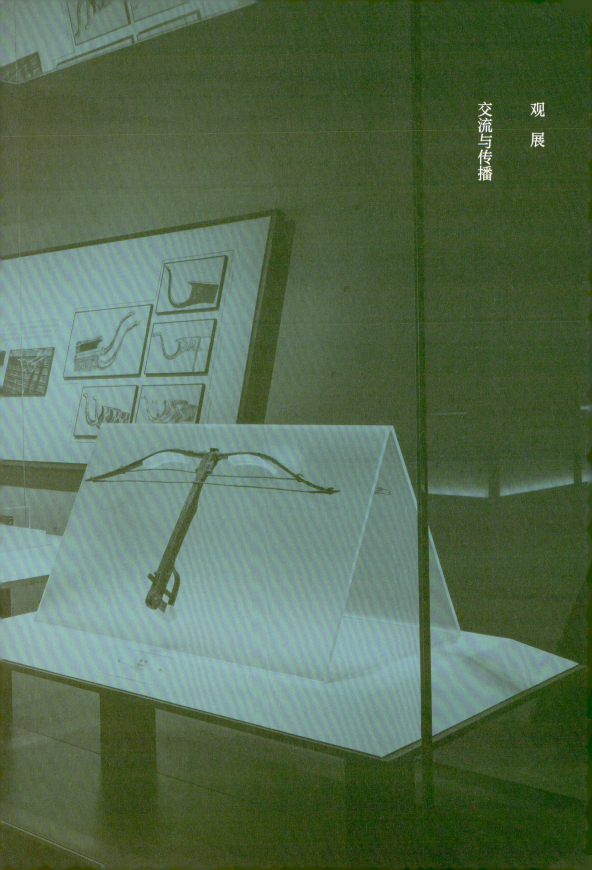

　　2021 年 5 月 18 日是第 45 个国际博物馆日，本次国际博物馆日以"博物馆的未来：恢复与重塑"为主题。旨在聚焦后疫情时代，针对未来社会、经济、环境等挑战，引导博物馆开启新思考、探索新模式、提出新方案。为了迎接这一重要的博物馆行业节日，陕西省文物局将陕西主会场设在秦始皇帝陵博物院。在这天，秦始皇帝陵铜车马博物馆试运行、试开放，开放区域包括序厅和第一、第二展厅，向观众展示了铜车马的发掘、铜车马的风采以及铜车马上的兵器和车马器具，解读铜车马的性质用途、形制结构、雕塑艺术、彩绘纹饰、铸造技术等，全方位呈现铜车马的历史、文化、艺术、科技。

　　2021 年 9 月 28 日，经过四个月的完善、调试和提升，第三展厅和观众互动区也全部完工。至此，铜车马博物馆以最饱满的热情、最真诚的态度向全世界的观众敞开怀抱，迎接八方来客。

　　为了让展览在更广的范围内传播，秦始皇帝陵博物院进行了精心的筹备和策划，对展览进行了全方位的宣传。海内外众多媒体对展览进行了追踪报道，留下了很多精彩画面。开展之后，策展小组进行了观众调查，以期了解不同年龄层次、不同受教育背景的观众的观展感受，为之后的策展提供参考。

一、媒体矩阵

（一）秦始皇帝陵博物院官方平台

　　秦始皇帝陵博物院官方网站、官方微信公众号、官方微博对秦始皇帝陵铜车马博物馆开馆进行了系列报道。

（二）电视新闻报道

　　2021 年 5 月 18 日上午，陕西广播电视台策划制作国际博物馆日直播特别节目《青铜之冠　王者归来——秦始皇帝陵铜车马博物馆开馆》，以中外各层级融媒体传播矩阵的方式向海内外推送直播，取得良好传播效果。

　　数据统计显示，陕西广播电视台相关直播视频内容在全网的综合传播超过3000 万人次，其中陕视新闻直播的话题"秦始皇陵铜车马搬新馆""秦始皇陵铜车马博物馆开馆""秦始皇出巡坐的就是这种车"等综合阅读量超过 1000 万人次，并进入微博热搜榜。

1.国内转载

　　开馆当天直播节目被《人民日报》、CGTN（中国国际电视台）、央视新闻、上海广播电视台、《陕西日报》、陕西发布等主流媒体同步转发，全省县级融媒体中心同步推送。

2.国际转载

央视国际视频通讯社采用网络方式全程对外发布陕西台直播信号，美国ODK、荷兰欧华传媒、柬埔寨东盟头条新闻、柬埔寨《柬中时报》等境外媒体在多个新媒体平台全程转播，综合传播量达 350 万人次。

（三）网络图文报道

国家文物局、陕西省文物局、人民网、新华网等 30 多家媒体都在线刊发了"秦始皇陵铜车马博物馆正式开放"相关图文报道。

（四）专版报道

策展团队撰写专题文章，在《中国文物报》和《人民日报》上对展览进行专题宣传。

（五）《秦陵铜车马搬迁记》电视专题节目

中央电视台科教频道《探索·发现》栏目播出《2021 考古进行时》第三季特别节目《秦陵铜车马搬迁记》，讲述了从铜车马进驻新馆前的保养和包装到运输搬迁和布展的过程，并辅以文物专家和策展人的现场解读，让观众更详尽地了解"展览背后的故事"。

二、观众调查

"以观众为中心",是贯穿策展始终的一个原则,观众的口碑是展览最终需要实现的目标(图4-1、图4-2)。开馆以后,我们制作了观众调查问卷,以了解展览的内容设计、形式设计、艺术氛围、互动项目是否达到了预期的效果,观众对于展览的真实感受以及对于展览的建议,收获了很多有价值的信息,有助于我们日后对铜车马展览的提升以及整个秦始皇帝陵遗址公园策展工作的开展。

我们通过线上和线下的方式,随机发放了1000份观众调查问卷,根据观众的基本信息、观众对展览的参观体验以及满意度等方面内容,形成如下分析结果。

(一)年轻观众为主体

本次调查的受访者中,年龄在16—25岁的观众约占40%,26—40岁的观众约占30%,其他年龄段的观众占30%。值得注意的是,我们发放问卷的时间集中在节假日,因此参与调查的学生比较多,而且相对来说,学生观众比较乐于填写问卷,这也成为观众年龄比较集中的一个主要因素。

图4-1　铜车马博物馆外游人如织（上）
图4-2　铜车马博物馆内游人如织（下）

（二）参观目的与参观时长密切相关

来馆参观主要目的为"旅游好奇"的约占20％，这部分观众的参观时长一般约为一小时；来馆参观主要目的为"教育子女"的约占40％，这部分观众的参观时长为一到两个小时；参观目的为"增长知识"和"欣赏文物"的约占40％，且这两项基本上都是同时被勾选，这部分观众的参观时长也为一到两个小时。

（三）精美文物及互动吸引人

对"看完展览，给您留下印象最深的是？"这一题目，100％的观众都选择了"精美文物"这一选项，这也印证了秦陵铜车马独一无二的魅力。大部分观众也选择了"互动"这一选项，说明互动体验类展项的设置也确实达到了增强观众体验感的目标。

（四）展览内容丰富，观众在车马文化知识方面收获大

"看完展览，您收获了哪些知识？"这一题目针对展览内容进行观众调查。在设计题目的时候，我们将展览中的主要信息点总结为五个方面，观众可以多选，此题考察观众对于展览内容的关注点、兴趣点及偏好。其中，选择"车马结构复杂，铸造工艺高超，是古代青铜艺术中的珍品"和"铜车马通过雕塑、彩绘、纹饰、连接关系等来模拟古代实用马车的真实面貌"这两项的占比最高，其次是"铜车马高贵奢华，展示了秦始皇帝銮驾的风采"和"古代马车的结构和驾挽方法"，占比最低的是"古代车马器的名称、形状、装配位置、功能"。因为观众自身对于古代车

马文化方面的知识储备有差异，而车马器方面的知识比较专业，短时间内很难让人形成记忆。总体来看，观众对于展览内容的接受和理解程度比较高，在车马文化知识方面收获很大。

（五）辅助展项对展览内容理解作用大

展览中运用了多种辅助展示方式，如多媒体、艺术场景、模拟复原品等等，在"辅助展项对于加深展览内容的理解是否有帮助"这一题的调查结果中，100％的观众都选择了"作用很大"。这说明，围绕展览内容，采用多种手段进行相关内容的延伸和呈现正是观众所需要的，受到观众的普遍欢迎。

（六）总体参观体验评价高

看完展览，100％的观众对秦代的车马有了一个基本的了解；90％的观众认为展览的展线流畅、空间布局合理、灯光氛围舒适，能够重点突出文物；100％的观众觉得参观的意义在于增加了文物方面的知识，了解了特定时期的历史文化。总体来看，观众对于展览的内容设计和形式设计都比较满意，获得了比较好的参观体验。

可见，秦陵铜车马博物馆的展览达到了向观众传播秦代车马文化知识、激发观众对中华传统文化的崇敬之情的策展目的，并受到了观众的欢迎和高度评价。每一次展览策划不仅是博物馆专业策展人员的创意过程，还是一次与博物馆服务对象——观众——沟通的过程。观众调查作为博物馆观众评估体系的基础，其结果不仅对于我们评估展览的得失成败有着重要的参考作用，更重要的是对观众的研究对于我们日后的展览策划亦有着不容小觑的指导作用。

三、观众留言

在铜车马博物馆出口处，设置了电子的"观众留言墙"，用于观众在看完展览后及时发表自己的参观感受和对于展览的建议。经过整理，观众留言大致可分为以下几类。

（一）称赞文物、文明

非常不错，我了解了秦代的铜车马和车马文化！

挺感慨！中国古代真伟大！我爱中国！

千年前的工艺，精美万分。

古代的人好有智慧，中国历史博大精深！

大赞大秦文明，愿文明长存！

珍贵的材料、出色的工艺、制作的艰辛，古代劳动人民的智慧在铜车马身上熠熠生辉，尤其是御手俑和马的眼睛，特别逼真，感觉下一秒它就能与你对视，真让人惊讶，这技术，太棒了！

没想到几千年前的车马如此奢华，叹服！

意外的西安之旅！终于见识到兵马俑的壮观、铜车马的精美！感叹中华文明历史的博大！有机会再来！

（二）对于展览的喜爱

古人的智慧、技术的高超……一切的一切都需要我们去学习、探究，整个展厅的布置也不错，考古的幕后工作者、展厅的工作者辛苦了！

原来铜车马那么多姿多彩！感谢展馆工作人员的辛勤努力，让我们看到了铜车马最本真的样子！

超棒，特别美，交互体验也很好！

设计得很好，与科技融合很棒！

上一次来参观铜车马很多细节都看不到，这次运用新技术，展览内容丰富了很多。非常惊喜！

（三）对于文化遗产保护的意识

加强保护技术，让子孙后代拥有更多的文化遗产！

非常不错，我们要保护文化遗产！

保护文物是华夏儿女的天职。

好想投身复原文物的事业！去将古代的文化精粹保护、传承下去，触摸历史，自己有一天也将变得厚重起来。

伟大的民族创造了伟大的遗产，保护遗产是华夏儿女的责任！

（四）对于考古工作和文物保护工作的崇敬与期待

向考古工作者致敬！

考古学家们真辛苦！感谢他们的辛勤付出，为人类呈现伟大的历史！

希望以后能看到更多的秦始皇帝的车马！

非常震撼，增长了见识。感谢文物保护工作者做出的无私奉献。

文物修复真不容易，修复铜车马很辛苦！

看完展览，只有一种感想——敬佩制作铜车马的人，敬佩发掘铜车马的人，敬佩修复铜车马的人！

（五）唤醒的历史意识

我进入了历史。

我要好好学习历史，成为一个历史专业的学生！

看完展览，我很后悔没好好学习历史。

更喜欢历史了，以后会更加关注我们中国的古代历史与它的智慧。

（六）对展览的建议

希望配上语音讲解！

建议增加一些文物故事类的特色活动。

希望增加情景式参与的互动活动。

建议增加针对小朋友的介绍及活动、少儿亲子活动。

希望文创设计得更精美，售卖更多的文创产品。

建议休息区增加座椅、饮水处。

青銅业冕

The Crown of
Bronze Works

结 语

思考与展望

　　为了更好地呵护与展示秦陵铜车马这份珍贵的文化遗产，诠释展示秦陵铜车马的丰富内涵，在国家文物局以及陕西省委、省政府、省文物局的关注和大力支持下，2017 年，秦始皇帝陵铜车马博物馆的建设项目正式立项。这是陕西乃至全国文博工作的一件大事，对优化秦始皇帝陵园展示格局、保障文物安全、改善参观环境，促进陕西文博事业的发展、提升国际影响力都有着十分重要的意义。

　　为确保高质量完成铜车马博物馆的建设，从项目一开始，我们就明确了展陈的目标：多手段、全方位展示铜车马的研究成果，全面展示铜车马的历史、科学、艺术和社会价值。为此，博物院没有采用以往由陈列展览部负责展览文字大纲撰写的模式，而是特意请来院内科研规划部专门研究铜车马的专家党士学研究员做展览文字大纲的撰写人，由陈列部的形式设计骨干张升同志负责形式设计，配合陈列部其他业务人员一起组成了策展团队，从内容上、形式上对展览进行反复推敲。

　　给铜车马这样的国宝级文物专门策划展览，有一系列问题需要解决：如何将最新的考古、保护修复、研究成果展示给观众，又要避免使用一些过于生僻、晦涩难懂的专业语言难倒观众；针对单体文物展示，如何构建科学、合理的叙事方式，讲述文物背后的故事；如何创新展陈结构，给观众带来良好的观展体验、引导观众与展览互动……面对这一系列难题，策展团队进行了无数次的讨论甚至争论。

　　同时，我们也得到了国内考古、历史、博物馆、陈列艺术等领域的知名专家学者的大力支持，先后进行多次的专家咨询，通过召开各类铜车马博物馆深化设计讨论会、设计技术讨论会、展陈方案专家会，不断打磨展览方案，并组织策展团队、建设方、施工方及监理审计到相关产品工厂实地调研，现场提出整改意见，确保文物安全。

　　最终，铜车马博物馆陈列展示方案通过了由陕西省博物馆协会组织的专家评审。

　　在筹划展览文本的同时，为了更好地推进铜车马馆建设工作，秦始皇帝陵博物院还专门成立了铜车马馆建设工作领导小组和铜车马馆建设工作专班，将基建、陈列、考古、藏品、保护、信息、社教、安保、后勤、公众等 15 个相关部门协调起来，每周汇报工作进度，反馈、解决出现的问题。各相关部门也积极协作，结合各自工作职责从铜车马博物馆的基础建设、展陈设计、文物养护、信息采集、运输布展、讲解服务、运行保障、文创开发等方面提出了大量的建议，制定工作方案，想办法、定措施，配合建设方积极推进工作，确保了铜车马博物馆如期开馆。在这里向所有为铜车马博物馆建设付出努力和心血的各位专家、领导、参建各方和秦陵文博人表示衷心感谢！

　　秦始皇帝陵铜车马博物馆已于 2021 年 9 月 28 日正式对外开放。迄今为止，收获了大量的好评与荣誉，但是在展览的整个策划设计施工中，仍然存在不足，需要我们思考与总结。

　　比如，基础设施还存在不足，展馆内休息设施设置不足，引导参观的标识标牌不明晰或数量不够。后期我们将继续完善相关设施，给观众一个更舒适、惬意的参观环境。

　　主展厅下沉式中庭造成了主展品与两侧辅展内容的联系不够紧密。这是由建筑设计与展陈设计需求未能有机融合造成的，也对我们今后的场馆建设提出了更高的要求。在设计前期，建筑设计与陈列需求就要密切结合，提前规划展示空间及相关辅助设施，避免陈列被动跟着建筑走，应该将博物馆建筑与陈列展示设计一体化考虑，以科学且经过论证的展览大纲为统领，双方共同开展设计，明确建设的思路和要求，关注建筑形态与陈列形式之间的关系，实现建筑形式与内部功能的有机统一。

考古遗址博物馆相较其他类型博物馆具有遗迹和出土文物多、文化内涵深厚的特点。因此，考古遗址博物馆的展示，最大特点是研究型展示、复合性展示，而且难度很大。同时，考古遗址博物馆的展览展示是分布在田野和室内的，因此就涉及遗址的整体保护，涉及文化景观（自然环境）的保护；既与考古调查、发掘、科学研究密切相连，又与遗迹和遗物的保护、修复密切相连。这些以"原物＋原址"为核心的展览展示，具有研究型、复合性、形式多样、难度大的特点，更具有"真实性＋本土化＋大地景观＋展陈艺术"的非凡魅力。因此，要做好博物馆乃至秦陵大遗址的展示，我们还有很多的工作要做。

一、深化研究

只有在充分研究的基础上，才能讲好文物和遗址背后的故事。一方面，不断提升博物院自身的学术研究水平，设立专业研究场所、协会，长期深入研究，目标是成为国内外秦文化的研究中心。另一方面，积极与高校、专业机构合作，推动研究成果转化。同时还要充分利用各种先进的手段，对遗址所包含的历史文化信息进行深入研究。

　　铜车马博物馆能以单体文物为主体建成一个博物馆，并获得观众好评，就是缘于注重对文物本体内涵的研究和解读，将专家多年来对秦陵铜车马研究的新成果、新观点，相关车马部件的深度解析与复原重构等知识对外呈现，丰富了展陈的内容，让观众了解了秦陵铜车马的价值和影响力。

二、守正创新

　　深入研究文物和遗址文化内涵，最终都是为了充分阐释文化、讲好中华文明故事。陈列展览作为博物馆内容展示的核心，不仅要展现研究成果、保证专业性，更要重视展览文本和展陈设计，提炼文物和遗址最精华的价值，解读研究成果，从传播语言到叙事方式，从展陈结构的调整到观展体验的丰富，不断创新，突出亮点，通过新视角、新媒介，多元化构筑出全新的展示方式。要深入浅出、寓教于乐，从学术角度切入，以最佳的通俗方式表达；从考古方法切入，以生动故事表达；从精彩内容切入，以完善设计表达。提高展览的观赏性和感染力，增强遗址的可读性和活力，让展览"活起来"。

　　比如，在秦陵博物院的百戏俑展厅，展厅和文物修复室同在一个建筑之内，观众可以同时看到发掘现场和另一边正在修复发掘现场出土的文物，很容易使观众将遗址及其出土文物联想成一个整体，沉浸于身临其境的真实感之中，更易唤起观众的自豪感，增强对历史和文化的认知和理解。

三、与时俱进

　　观众是否看得懂、有兴趣看并受到教育，是评判一座博物馆成功与否的三个重要标准。我们要与时俱进，不断了解观众的阅读习惯和感知方式，让大家看得见、看得清、看得懂，而遗址类博物馆要实现这个目标，尤其是通过遗址本体的展示来实现，没有数字技术是很难做到的。数字化，有助于解决大遗址历史信息的丰富性和本体展示的弱观赏性之间的矛盾，同时不需要在遗址本体上施工，不会对遗址保护造成不利影响。

　　我们要进一步强化数字技术在展陈中的应用，加强文物藏品与观众之间的联系，实现文物藏品与观众之间的互动，从而增强展陈设计的趣味性，丰富文物藏品的信息传递。同时，积极探索对基本陈列和大遗址本体的数字化展示方式方法。整合考古研究成果，策划全景数字展览，利用 VR 与 AR 技术、全息交互、裸眼 3D 等技术手段向观众提供普通参观无法看到的内容，为观众提供互动式、沉浸式参观体验，不断拉近博物馆与公众的距离。

　　秦始皇帝陵铜车马博物馆的建设是秦陵博物院在秦陵大遗址展示方面的一次积极尝试，与此同时，我们也在积极探索遗址本体的露天展示方式。目前，秦陵园外城垣及门阙的复原展示工程正在施工中，内外城垣东门阙之间区域的考古发掘也在进行中，结合已完成的秦始皇帝陵内城垣及门阙复原展示工程，下一步，我们将向观众完整展示秦陵内外城垣与东门道昔日的风采。随着秦陵考古发掘研究的不断深入，我们将兼顾室内陈列和露天展示，将两者有机融合，向观众呈现更多更精彩的秦陵故事，为提升中华文明影响力和感召力，做出博物馆人的独特贡献。

后　记

在中国博物馆协会的指导下，秦始皇帝陵博物院有幸参与"策展笔记"丛书的编撰工作。秦始皇帝陵博物院铜车马博物馆的基本陈列"青铜之冠——秦陵彩绘铜车马"展览于 2022 年 5 月 18 日荣获第十九届全国博物馆十大陈列展览精品奖。作为遗址博物馆展览策划的典型案例，铜车马博物馆的策展历程从前期的建筑设计到展览主题的确立、从内容设计到形式呈现，都是值得回顾和记录的。

在本书的撰写过程中，中国博物馆协会刘曙光理事长多次给予悉心指导，为本书的撰写指明了方向；浙江大学艺术与考古学院"百人计划"研究员毛若寒博士多次组织召开线上会议，细心介绍丛书的体例要求、撰写风格以及工作计划。秦始皇帝陵博物院院长李岗、副院长郭向东多次组织召开协调会，安排讨论本书写作的工作计划和结构框架。展览的主策展人党士学研究员虽已退休，但为了本书的撰写，仍然冒着严寒和酷暑，不辞辛劳，笔耕不辍。在本书出版之际，我们谨向为本书付出心血的人们表示真挚的感谢！

本书以策展人为第一人称的角度，讲述"青铜之冠——秦陵彩绘铜车马"展览的策展历程、策展思路和实践做法，展览的独特性和创新性，展览的社会效果和观众评价，遗址博物馆发展的期待和展望。在结构上遵从"策展笔记"丛书的整体体例要求，在内容上侧重于解读策展的思想、做法以及展览背后的故事，以此希望此书能成为展览的延伸、总结和反思，为之后的遗址博物馆策展提供一个完整的案例。

本书的"引言"部分，由朱学文撰写；"导览"部分，由张小攀、党士学撰写；"策展"部分中，第一至第三节、第五至第七节、第九节由党士学撰写，第八节由上海中森建筑与工程设计顾问有限公司张男撰写，第四节和第十二节由叶晔撰写，第十节和第十一节由张升撰写；"观展"部分，由叶晔撰写；"结语"部分，由马生涛撰写。本书的照片由张天柱、夏居宪、郭燕拍摄。密切的配合，共同的努力，最终使得本书呈现于读者面前。

　　撰写这样一本具有创新性的策展笔记有着不小的难度，鼓舞我们完成此书的是对展览事业始终如一的热爱、对博物馆工作默默坚守的情怀、同事之间的密切协作和激烈讨论中的思想碰撞！

　　在此，我们向所有为展览付出辛勤工作的人们、向所有帮助和支持本书出版的人们致以诚挚的感谢和敬意！